THE TEN FACES OF INNOVATION
Strategies for Heightening Creativity

决定未来的10种人

推动企业创新的10类关键角色

[美] 汤姆·凯利（Tom Kelley）
乔纳森·利特曼（Jonathan Littman）◎著
许可◎译

中信出版集团·CHINACITICPRESS·北京

图书在版编目（CIP）数据

决定未来的10种人/（美）凯利，（美）利特曼著；许可译.—北京：中信出版社，2015.12（2017.3重印）

书名原文：The Ten Faces of Innovation: Strategies for Heightening Creativity

ISBN 978-7-5086-5566-6

I. ①决… II. ①凯… ②利… ③许… III. ①企业创新–研究 IV.①F270

中国版本图书馆CIP数据核字（2015）第239718号

决定未来的10种人

著　　者：[美]汤姆·凯利　[美]乔纳森·利特曼

译　　者：许　可

策划推广：中信出版社（China CITIC Press）

出版发行：中信出版集团股份有限公司

（北京市朝阳区惠新东街甲4号富盛大厦2座　邮编　100029）

（CITIC Publishing Group）

承 印 者：中国电影出版社印刷厂

开　　本：787mm×1092mm　1/16　　印　　张：16.5　　字　　数：160千字

版　　次：2015年12月第1版　　印　　次：2017年3月第4次印刷

京权图字：01-2014-3349　　广告经营许可证：京朝工商广字第8087号

书　　号：ISBN 978-7-5086-5566-6 / F · 3503

定　　价：45.00元

《创新书系》序

“先除掉你自己眼中的障碍，才能看得清并拨掉你兄弟眼中的尘埃。”

G·伯克利

“创新”，将是很长一段时期实现“中国梦”的主旋律。中信出版集团和泰达-（天津经济技术开发区）合作出版《创新书系》，其意义套用一句话来说，就是“怎样估计也不会过高”。

双方合作搞这项理论和文化工程，有其显见的必然性和迫切性。必然性是指三十多年来，在中国改革开放大业中，天津开发区作为第一代特殊经济区，是这种发展模式的缩影，在聚集全球资源、谋求高速经济增长方面取得了瞩目的成就。但勿庸讳言，这种主要靠要素投入推动经济增长的模式，已接近了所能达到的极限。面对现实，国人已经逐渐认识到，经济增长并不能与经济发展，特别是持续发展直接画等号，增长靠投入，有极限，发展靠创新，才能不断进入新的境界。

其实，系统的创新理论并不是近期才被阐发，之所以在当前越来越重要，正是因为中国经济发展已经进入到特定阶段，与创新理论亟为对位，这就是迫切性。在这个意义上说，《创新书系》是一种新的启蒙。但重温经典，读书破万卷，与前贤对话，关键是要从书中走出来，并自出见解，指引实践，把中国的事办好。

如果说创新要有中国特色的话，那么除了中央早已归纳的“自主创新”，“集成创新”，“引进、消化、吸收以后的再创新”之外，在具体操作中当是注重“两面一点”。

所谓“两面”，即在微观层面以企业为载体，致力于技术创新、产品创新、市场创新，这无须多说。一个企业要想发展，要想在市场竞争中立足，就必须有创新的实际行动，而无论走“自主”还是“集成”还是“消化吸收”哪条道路；在中观和宏观层面以政府和行业组织为载体，致力于资源配置创新和组织创新，也可以称之为体制创新——“体”，行政和管理主体，“制”——制度和机制，即中观和宏观要创造出对位的环境，鼓励和支持微观上企业的创新。而“一点”，就是创新的主体是企业家，或称企业家群体（企业家与在企业里作官不是一回事）。现在已经无须遮掩，企业的创新一定要由企业家来引领，让有能力、有社会责任感的企业家成为社会的中坚，这是市场经济的圭臬，也恰恰是组织创新（体制创新）要解决的核心问题。舍此，建设创新型国家无从谈起。

本《书系》尽可能扩大涉及面，使读者在阅读各类书籍时可以各取所需。但本书系定位不是畅销小说，读者群在某种程度上可以说是特定的。《书系》的出版合作者希望中国的各类特殊经济区不管现在发展到什么程度，都来关心这个书系。尽管“批判的武器不能代替武器的批判”，但上阵没有武器或武库贫乏也是可悲的事情。

创新是推动中国科学发展、实现中国梦的充分必要条件，是为序。

泰达创新工作室

谨以此书献给我的家人

——我美丽的妻子和可爱的孩子

感谢他们多年来对我的耐心、理解和爱。

THE TEN FACES OF INNOVATION
Strategies for Heightening Creativity

目 录

THE TEN FACES OF INNOVATION
Strategies for Heightening Creativity

前 言

拒绝“魔鬼代言人”

我们都经历过这样的场景——在一次重要的会议上，你激情洋溢、踌躇满志地推介一项新的提议，大家热烈地探讨着，纷纷表示支持。可是，当提议就要顺利通过时，一个声音突然出现：“我来充当一下‘魔鬼代言人’，提些不同意见吧……”瞬间，一切希望都破灭了。

以这句话开头，这些人似乎就能够完全置身事外、不负任何责任地对新想法、新提议大肆攻击，就好像是魔鬼让他们这么说的，他们根本就是在隔岸观火。他们刚一说完，刚刚长出羽翼的新提议就被扼杀了。

这种现象在美国商界十分普遍，不

论是在讨论项目时，还是在董事会上，“魔鬼代言人”时刻都在蠢蠢欲动，每天扼杀大量的新想法、新项目和新提议，几乎是美国商业社会的头号创新杀手。

为什么“魔鬼代言人”的危害会如此之大呢？因为这些人总是做最坏的设想，看到的都是问题、麻烦和灾难。他们一旦得逞，新项目就岌岌可危了。

我们为什么要关注这一现象呢？这个问题为何如此重要呢？因为创新是一切组织机构的血脉所在，而对于创新来说，“魔鬼代言人”就像毒药鹤顶红。创新的重要性已无须赘言，英国著名杂志《经济学人》最近撰文称，“创新是现代经济最重要的支撑”。

对于国家经济如此，对于商业组织更是如此。我的第一本书《创新的艺术》（*The Art of Innovation*）问世后的4年间，我工作的足迹遍布新加坡、旧金山和圣保罗，涉及的领域涵盖了医疗卫生、零售、交通、金融服务、包装消费品、食品饮料等。我见证了创新在各个行业中发挥的巨大作用。设计公司IDEO过去关注的重点是产品创新，但最近越来越清楚地认识到，其实创新对于一个企业的文化也有巨大的裨益。好的产品确实能带来成功，但若想在激烈的竞争中长期立于不败之地，光有产品还远远不够，还需要让创新深入企业运营的每一个环节和员工的内心深处，让整个环境充满创意和正能量。若想大有作为，公司就必须有新的想法、新的视角和新的角色。

> 英国著名杂志《经济学人》最近撰文称，“创新是现代经济最重要的支撑”。

人们不断认识到培养创新文化对于成功的重要作用，创新文化对于公司的意义不亚于公司的经营战略或良好的利润额度。波士顿咨询公司最近的一项调查显示，在受访的50个国家和几乎所有类型的企业中，90%的高管都认为通过创新促发展是成功的必由之路。过去，各种报纸杂志根据销售额、利润对公司进行排名，而现在，创新能力和表现则成了一个十分关键的指标。并购能产生合力，内部改革能提高效率，而创新文化则是长期发展和品牌建树的最大动力。正如我的好友汤姆·彼得斯所说，一定要抓住时机、应时而动。在当今不进则退的激烈竞争中，要么通过创新获得成功，要么一败涂地，直至灭亡。公司的价值不仅体现在眼下能够生产什么样的产品、提供什么样的服务，更在于敢想敢干、大胆创新的能力。不论你是销售家用电子产品的，还是提供金融服务的，创新都是势在必行的第一要务。

连环创新，直捣黄龙

在我创作本书之际，世界首屈一指的搜索引擎巨头谷歌仍在进行着高速的创新，几乎每月都会有新的项目问世——从搜索世界最大图书馆的珍贵藏书，到观看任何地点的航空图片，再到浏览昨晚电视节目的字幕。在谷歌推出桌面搜索之前，我认为它只是能帮我在互联网上找些东西罢了，但是现在我相信，谷歌很快就能帮我整理我自己的个人数据。

除了谷歌以外，还有很多其他行业的公司也在以惊人的速度进行着连环创新，并取得了巨大的成功，下面仅列举若干：

○ 戈尔公司（W. L. Gore & Associates）最为著名的产品是其革命性的Gore-Tex布料。除此之外，戈尔公司还生产了许多创新产品，从吉他弦到人造血管，无所不包。戈尔公司的企业文化是公平、平等、关注新想法，因此总是有新的创意不断涌现。最近，戈尔公司被评为“美国创新能力最强的公司”，在德国、意大利、英国、美国还被评为“最佳雇主”。

○ 吉列（Gillette）用不断创新的剃须产品赢得了可观的市场份额，如感应刀片和锋速3剃须刀。但吉列并未躺在功劳簿上止步不前，而是不断开发新的产品，最近正在研发的“锋速3动力”微动力剃须刀可谓行业领先的又一巨作。多年来，吉列已经形成了一种通过不断创新击败竞争者的企业文化。

○ 德国的沏宝公司（Tchibo）创建于20世纪50年代，当时的沏宝只是一间简简单单的咖啡厅，发展至今，它已成为风靡全球的特许经营品牌。沏宝就像星巴克咖啡和布鲁克斯东零售店的完美结合，你不但可以在这里喝到醇美的咖啡，还可以买到不断更新的精美小商品。沏宝成功的一大诀窍就是“每周都有新体验”，出售的所有产品会每7天完全更换一次（从自行车到内衣，无所不包）。沏宝在一周之内卖掉的望远镜要比全德国一年卖出的还要多。时至今日，沏宝依然每周更新产品，以每年52次的速度不间断地创新着，在整个欧洲创造了一个又一个销售奇迹。

以人为本

《决定未来的10种人》这本书主要探讨了创新过程中发挥巨大作用的10类人。一切创新都是由人来推动，最终才能得以实现。阿基米德曾说过，“给我一个支点，我能撬动地球。”也许书中的这10类人并不是强悍无比的巨人，但他们每个人都有自己的支点、自己的杠杆和自己的过人之处。一旦时机成熟，他们就可以催生巨大的能量。一定要在团队内给他们留有足够的发挥空间，他们一定会还你一个奇迹。

IDEO相信，善于创新的人都明白行动大于言语的道理。他们积极主动，充满活力，总是不断创造、试验、尝试。有些方法看起来可能平淡无奇，但最终取得的成果却很不一样。

现有的对创新的定义大都包括想法和行动两个要素，强调二者的结合。善于创新的人不仅要头脑敏捷，还要脚踏实地、敢想敢干才能成功。著名的创新型公司 3M（Minnesota Mining and Manufacturing，明尼苏达矿务及制造业公司）就将创新定义为“通过行动或执行，将新想法付诸实践，从而使收入或者效益得以提升”。这就说明，光有想法远远不够，还要有行动去执行。想法、行动、执行、效益，都是好词，但是却忽略了一个最关键的要素，那就是人。因此我更喜欢创新的这种定义——创新是人们通过执行新想法而创造价值的过程。3M 的定义会让人觉得，创新自然而然就发生了。但是在商业社会，创新绝对不会像自燃一样平白无故地发生。要想创新，就一定要有人运用自己的想象力、意念力和不懈的坚持去推动。不论你是团队成员、小组领导还是高管，要想创新，只有通过多人的协作才能完成。创新的核心就是人。

这也是一本关于人的书。更确切地说，这是关于人能够发挥何种作用的一本书。我们并没有讨论如爱迪生、乔布斯这样伟大的发明家、企业家，我们关注的是那些和你我一样为企业发展呕心沥血的平凡英雄，也正是这些人使得创新成为可能，使得商业的车轮不断前进。

本书 1~10 章分别探讨了 IDEO 推崇的 10 种创新角色。虽然做不到面面俱到，但也希望能起到开拓读者眼界的作用。我们在实践中发现，引入一种或多种角色，就能够带来不一样的视角，从而带来更多创新的机遇。

培养了这些创新的角色，你就能够有效地遏制“魔鬼代言人”了。所以，如果再有人说“我来充当一下魔鬼代言人，泼点冷水”，就会有人站起来说，“那我来当一会儿人类学家吧，我亲身观察过消费者忍受这种不便好几个月，没准儿这一新想法就能够解决这个问题呢。”之后会有人接着站起来说，“那我再来当一下实验师吧。我们会在一周之内通过模型法来验证这种想法是否可行。”还会有跨栏高手自告奋勇，为项目筹措启动资金。这样一来，新想法就可以免遭被扼杀在萌芽状态的厄运了。“魔鬼代言人”永远都在，但我们却能够通过这 10 种创新的人才去制衡他，从而大刀阔斧、勇往直前。

还有一点需要说明，我很反对“魔鬼代言人”，但我并不提倡唯唯诺诺的企业文化。IDEO一直推崇建设性的批评和自由讨论。事实上，强有力的创新型人才能够带领大家进行更具批判性的思考，从更多的角度去思考问题。这与“魔鬼代言人”试图扼杀一切新想法的立场是截然不同的。同时，我们鼓励大家一定要坚持自己的立场，关键时刻勇敢地站起来为自己说话。

说了这么多，这些角色到底都是什么呢？其实有一些角色已经在很多大公司中存在了。他们总是能够给公司带来不小的贡献，善于团队合作，能力惊人，精力充沛，而且我们又很难用传统的“工程师”“市场专员”“项目经理”等头衔去定义他们。

时代发展至今，学科之间的界限已经没有过去那般分明，我们也不应再去用一些传统的头衔、标签去定义员工。本书中所描述的10类人恰好解决了这样的问题，能够帮助人们更好地发光发热，为企业创新贡献力量。

学习型角色

无论是个人还是组织，都需要不断学习新知识，获取新信息，这样才能不断成长。所以本书介绍的前三类都属于学习型角色。这三类人都明白，无论一家公司眼下多么成功，都不应该骄傲自满。大千世界，日新月异，今天的新想法到了明天没准儿就过时了。学习型角色能够帮助企业不断汲取新鲜养分，以好奇的心态去感知周围的世界。

1. **人类学家**通过观察人类行为、体察人与产品或服务的互动，不断给公司提供新的观点和见解。IDEO的一位人类学家就曾经在医院的病房里和病人共同生活了整整48小时，通过自己的实地观察为医疗卫生行业献计献策。我们会在“01 人类学家”章节介绍她的故事。

2. **实验师**不断制造各种模型，通过不断尝试来获取新知。实验师抱着“实验即是执行”的心态，在可控的风险内不断尝试，最终取得成功。当年宝马就摒弃了传统电视广告的模式，通过实验，形成了在网站投放视频短片的模式，并且大获成功，这就是实验师的魔力所在。宝马的故事将在“02 实验师”章节中讲到。

3. **嫁接员**坚信“他山之石，可以攻玉”，他们不断吸收其他行业和文化中的有益成分，并加以改进，从而为自己所在的机构服务。曾经有一位优秀的日本女设计师乘飞机飞过太平洋到达美国，受到了当地超市的启发，回到日本后创造了市值几十亿美元的无印良品帝国。这就是嫁接员最好的例子。她的故事我们会在“03 嫁接员”章节中讲到。

组织型角色

接下来的三种角色属于组织型人才，能够协调各方力量，推动新想法的落实。过去，我们认为新想法的推进一般都会顺风顺水。但是现在，通过跨栏高手、合作者和导演的工作我们认识到，我们必须不断为那些最好的创意争取时间、关注和资源。他们并不认为这种博弈是政治或者权术，而是将其视为一盘棋，一盘志在必得的棋。

4. **跨栏高手**明白，创新的道路上总是荆棘密布，总是有无数的障碍需要我们去跨越。3M的一位普通工人在遭到拒绝和打击后，仍克服管理、体制、资金等各方面的困难，最终发明了胶带，至今已给公司创造了几十亿美元的收益，这就是跨栏高手最好的例证。

5. **合作者**能够将团队成员凝聚在一起，群策群力，带领大家找到综合的、最合理的方案。“05 合作者”章节就讲述了一位优秀的客服经理的故事，他说服顾客买下其关于合作新模式的创意，从而使利润翻番。

6. **导演**不仅能够聚集起优秀的演员和制作团队，还能够激发成员的创造天分。美泰（Mattel）的一位高管曾组织一个专门的团队，最终开发出一个潜力无限的玩具平台。这位高管就是导演的完美化身。我们会在“06 导演”章节讲到她的故事。

建设型角色

最后的四种角色属于建设型人才，他们能够从学习型人才那里获得新的想法，从组织型人才那里借力，从而使创新最终成为可能。建设型角色会将自己的印记留在组织机构中。这类角色很好辨别，最忙碌的、不断行动的就是他们。

7. **用户体验设计师**能够设计出卓越的体验，不仅能够实现功能的新目标，而且能够满足顾客深层次的需求。一家冰激凌店能够将吃冰激凌的过程变得生动有趣，让人欲罢不能，随后产生极大的市场轰动效应，这就是用户体验设计师的功劳。我们将在“07 用户体验设计师”章节讲到这家冰激凌店的故事。

8. **布景师**为团队营造良好的工作环境，从而激发士气、鼓舞人心。皮克斯（Pixar）等公司早就意识到好的环境能够培育创新文化，因此在此方面投入良多。公司重新装修后业绩提高，球队更换场馆后战绩不俗，这都体现了布景师的价值。“08 布景师”章节将会揭开布景师的神秘面纱。

9. **关怀者**为顾客提供的不仅是服务，更多的是关怀。他们能对顾客的需求做出合理的预期和判断，时刻准备着全心全意地去帮助顾客。曼哈顿的一家红酒专营店，在帮助顾客选酒的过程中耐心地教给顾客许多关于红酒的知识，无微不至，一改之前红酒行业高高在上的姿态，让顾客感到舒心自在。当然，店家也获得了丰厚的回报。
10. **讲故事的人**或娓娓道来，或侃侃而谈，通过一系列展现公司基本价值和文化的故事，既能提振士气，又能塑造公司形象。像戴尔、星巴克这样的公司都有许多自己的传奇故事，不仅强化了自己的品牌形象，还增强了员工的认同感和凝聚力。因产品创新和高速增长而闻名的美敦力（Medtronic）十分重视的一个工作方法就是，邀请病人讲述自己和美敦力产品的故事，通过第一手的、鲜活的资料来不断积累素材，寻找突破点。

这些角色的魅力在于他们能够创造实实在在的价值，不是在理论上，也不是在课堂中，而是在激烈的商业竞争中。IDEO已在成千上万的创新项目中试验过这些方法，并且屡试不爽。每年，我们都会接到几百个创新项目。之前的客户主要是一些刚起步的小公司和一些技术公司，但现在我们的很多客户都是财富榜单上的巨头。他们之所以找到我们，就是想充分挖掘团队潜能，实现连环创新，从而抢占市场先机。

创新，化腐朽为神奇

《决定未来的10种人》一书旨在将各种创新的方式方法赋予人格，从而使其更好地在组织机构内得以贯彻执行。我从哥哥戴维那里得到了许多帮助，他不仅创建了IDEO，还通过自己的言传身教深刻地影响了我。还有IDEO那些优秀的设计师、工程师、人力资源专家，是他们在过去27年中的努力成就了今日的IDEO。谨以此书，向这些人致敬。

《决定未来的10种人》一书讲述了团队和机构如何实践各种创新方法、培育创新文化的故事。成功的企业总是能够将各种创新的战略深深植入日常运行的点点滴滴。当创新的引擎高速运转之时，它所产生的强大动力与合力能够支撑企业渡过各种艰难险阻。

当今世界，竞争日趋激烈。在此背景之下，本书还探讨了公司、行业，甚至国家应如何抓住创新的机遇。关键在于培养创新人才，有了人才，创新项目才能顺利推进。在恰当的时候选择正确的创新项目，也是一个很关键的问题。当天时、地利、人和都具备时，不仅项目能够获得成功，还能够在更大的范围内促进创新文化的传播。

在各个章节中，你将会看到各个行业、各个领域的实例，这些例子都能充分说明这一道理。对于有些公司来说，创新不仅仅关乎产品与服务，还具有深植于企业文化的价值。

随着了解的不断深入，有一点还需注意，那就是某一个角色并不一定由某一个固定的人来充当。一个角色可以由多个人来充当，一个人可以承担多种角色，同一个人还可以在不同的角色间进行转换。

在不同角色间进行转换，听起来有点儿复杂，但实际上你可能已经深谙此道了。比如我每天都要在七八种角色间进行转换，要为人夫、为人父，要做好IDEO的工作，要写书，要演讲，有时还得充当导师。当我正在全神贯注地工作的时候，接到儿子打来的紧急电话，我就得马上转换成父亲的角色。同时，还要改变自己的态度、语气、耐心的程度，以及思维方式。如果不能灵活、迅速地实现角色的转变，不仅会导致效率低下，还会有损各种人际关系和事业发展。所以转换角色是很重要的一件事。

创新的各种角色也是如此。现实的情况是，“魔鬼代言人”太多了，而我们真正需要的人类学家、合作者和用户体验设计师等却远远供不应求。这些角色能够让我们提高创新能力，在恰当的时刻做正确的事。这些角色还能够为企业带来全新的活力，并促使大家为整个公司的发展贡献出更大的力量。

如果你能全身心地投入某种角色之中，你会发现自己的态度、价值观和行为方式也会随之发生改变，同时还会促使你在个人成长和事业发展两方面取得更大的成就。创新是现代组织机构应当时时刻刻牢记的要务，绝对不能三天打鱼、两天晒网，一定要让创新成为一种思维方式和行为习惯。

在组建团队的过程中，需要注意的是并没有固定的模式或者方案。不要机械地去人为规定谁应当充当什么样的角色，一个团队也不可能囊括所有角色。在很多情况下，某个人就可以同时充当多种角色，或者在多种角色间根据情况的需要而灵活地转换。

一定要让创新成为一种思维方式和行为习惯。

可能有些角色更适合你的实际情况。也许你就是一个天生的嫁接员或者实验师；也许你是一个优秀的人类学家，只不过自己一直没有意识到。这就意味着，我们一定要尽可能地去发掘自身和团队其他成员的潜力。《决定未来的10种人》就是这样的一本书，希望在阅读本书后，你能发现自身隐藏的巨大潜力，让自己事业和人生的调色板更加丰富多彩。

大幕已经揭开，敬请期待。

01 人类学家

THE TEN FACES OF INNOVATION

Strategies for Heightening Creativity

> 发现的伟大之处不在于找到全新的大陆，而在于能够以崭新的视角去看待熟悉的世界。
>
> ——马塞尔·普鲁斯特（Marcel Proust）

如果让我在多种角色之间取舍，只选一个，那肯定非人类学家莫属。当年加入IDEO的时候，它还是一家名不见经传的小公司，虽然有实验师等角色，但还没有人类学家，而恰恰是这一类人会成为工作的中流砥柱。可是，1991年第一次有人提出将人类学引入公司时，我却鼠目寸光，并未意识到它的重要意义。记得我当时对戴维说："这可是个清闲的美差。这些博士要做的就是观察人，拍几张照片和几段视频，回来时讲讲故事。这能叫工作吗？"而我们的工程师却操作着复杂的机器、绞尽脑汁设计抗摔抗压的电子产品，这才叫工作呢！

然而，在接下来的几年中，我的看法发生了180度的转变。因为实践证明，人类学家是IDEO内部最重要的创新源泉。很多公司都有解决问题的能手，但是在着手解决问题之前，必须要搞清楚问题是什么。人类学家具有丰富的实地经验，所以特别擅长发现并重新定义问题，从而为解决问题并实现突破奠定坚实的基础。

> 人类学家面对任何事都有一种“初次见面”的惊奇，正是通过这种感觉，他们才能获得无穷的灵感和启发。

人类学家的价值到底体现在何处呢？他们通常具有深厚的社会学背景，还拥有认知心理学、语言学或人类学等学科的高等学位。但最宝贵的不是他们显赫的学术背景，而是建立在此基础上的直觉。这和哈佛商学院多萝西·伦纳德（Dorothy Leonard）教授所说的“深度智慧”（Deep Smarts）类似。虽然并未形成完整的理论，但我对人类学家的特点进行了以下总结，其中不乏具有战略或战术意义的特点：

1. 永远保持初学者的心态

人类学家从来不会因自己所受的教育和积累的经验而扬扬自得，他们会主动摒弃已知、传统和偏见带来的干扰，从而以一种真正开放的心态去观察世界。

2. 永远保持惊喜之心

人类学家避免妄下定论，总是努力设身处地去观察。他们热爱与人交谈并观察人们的行为，这是一种发自内心的热爱，无法假装。文化人类学的方法技巧简单易学，任何人都可以掌握，但是对于人类学家来说却是神奇的法宝，能够帮助他们探寻世界的奥妙。这也可以从另一个方面表明他们对工作的热爱。

3. 善于利用自己的直觉

世界上著名商学院的课程和很多大公司的在职培训项目都十分关注提高左脑的分析能力。这种演绎推理能力十分重要，在《兔脑龟心》(*Hare Brain, Tortoise Mind*)一书中，盖伊·克拉克斯顿（Guy Claxton）称之为“D区大脑”，丹尼尔·平克（Daniel Pink）则在《全新思维》(*A Whole New Mind*)一书中称之为“左脑导向思维”。在探讨人类行为的情感动机时，人类学家会充分相信自己的直觉，大胆提出假设。

4. 总是“初次见面”

在面对某些初次遇见的人或场景的时候，我们都曾有过“似曾相识”的感觉，而“初次见面”却恰恰相反，要求我们即使对待司空见惯的事物，也要保持“初次见面”的好奇心。我从一个朋友——斯坦福大学教授鲍勃·萨顿（Bob Sutton）处第一次听到这种说法，后来才知道首创者是喜剧表演艺术家乔治·卡林（George Carlin)。面对一些司空见惯的事物，我们可能不以为奇，不去多想，但人类学家却总能以“初次见面”的好奇心去观察，去思索。

5. “问题清单”和“妙想笔记”

人类学家把每天的日常生活视作灵感和素材的来源，记录下看似割裂的点点滴滴，这一点同小说家和相声演员有点儿像。“问题清单”主要记录让人感到困扰的事情，而“妙想笔记”则记录一些新奇的想法。不管是纸质的还是电子版的，都能起到增强观察能力和提高工作效率的效果。

6. 从垃圾中淘金

人类学家善于从旁人意想不到的时机和场合发现问题——可能是客户到来之前，也可能是客户离开之后，甚至是在别人丢掉的垃圾里。他们突破思维定式，打破常规，从而提炼出真知灼见。

> “实地调查意味着不知疲惫地全心投入。”米德说。

多年以来，IDEO成功开发了一系列的工具和方法，以便于人类学家开展工作。我们还设立了一个“方法库”，以卡片的形式记录了51项互相关联的方法论，并将它们分成“提问”“观察”“学习”和“尝试”4个部分。我们最关注的是“观察”这个部分，因此在项目筹划、执行和遇到困难的过程中都做了大量的实地考察工作。这种工作方法和科学家、民族志学家十分相似。我们远赴人类的原始栖息地去观察他们的行为，还会详细记录客户与潜在客户对产品或服务的反馈。

在实地调查的过程中，我们尽力以禅宗所倡导的初学者的开放心态去观察。虽然做要比说难得多，但只要尽力去做，就一定会有不一样的收获。人类学家玛格丽特·米德（Margaret Mead）以研究南太平洋文化而著名，她的系列著作颠覆了人们对这些所谓的“原始社会”的思维定式。米德极力倡导深入当地、亲自观察，她说：“实地调查意味着不知疲惫地全心投入。”纵观历史，许多伟大的思想家都是如此。查尔斯·达尔文（Charles Darwin）天生就是一个善于观察的人。在撰写《人类和动物的表情》（*The Expression of Emotion in Man and Animals*）一书的过程中，他就从观察自己孩子的表情入手，还拍摄了一系列孩子哭泣的照片。他还作为博物学家登上了“小猎犬”号（Beagle）进行远航，时间长达两年之久，这段经历对于他完成《物种起源》（*On the Origins of Species*）的意义是十分重大的。

被忽视的人和偏僻遥远的地方都会引起善于观察之人的兴趣，他们坚信圣捷尔吉·阿尔伯特[①]的观点：“只有看别人都能看到的，想别人想不到的，才能有所发现。”人类学家深谙其真谛，并将其运用到运营公司的过程中。以初学者的

① 圣捷尔吉·阿尔伯特（Albert Von Szent-Györgyi，1893—1986），匈牙利生理学家，1937年诺贝尔生理学或医学奖得主。——译者注

心态去观察往往是创新过程中最难的一个环节，因为它要求我们放下一切经验、偏见和怀疑，像孩子一样好奇地睁大双眼去发现。如果做不到这些，机会就很有可能会白白地在指缝间溜走。

人类学家能够利用多种工具和手段去获取真知灼见

历史告诉我们，循规蹈矩会让我们忽视近在眼前的真理。直到简 · 古多尔[①]对黑猩猩进行了深入的研究，我们才意识到这一物种和人类有多么相像：它们会制造工具、会接吻、会挠痒、会握手，甚至还会拍一拍同伴的后背。它们一直都这样，只是我们没有发现而已。

不可能每个人都成为简 · 古多尔或玛格丽特 · 米德，但是像她们一样去观察会极大地提高我们发现机遇和解决问题的能力。那么，什么样的人才能成为优秀的人类学家呢？帕特莉斯 · 马丁（Patrice Martin）是IDEO 新招聘的员工，

① 简 · 古多尔（Jane Goodall，1934— ），英国生物学家、动物行为学家，曾为观察黑猩猩度过数十年的野外生涯。——译者注

毕业于密歇根大学工业设计专业，但她发现自己最感兴趣的是与人打交道。她拥有一种神奇的魔力，能够让所有和她交谈的人畅所欲言。每天活力四射的帕特莉斯只有27岁，但她看上去要比实际年龄还要年轻，而且她的热情很有感染力。没准儿她前世是一个优秀的新闻记者，因为她总是能很快就抓住问题的本质。

帕特莉斯之所以是一个优秀的观察者，主要体现在以下几点：享受与人交谈；问题到位有深度；平易近人，让人信任；直觉敏锐。最近，帕特莉斯在做一个研发健康零食的项目，委托方替她安排了与医生和病人的一系列访谈。这种做法看起来中规中矩，但帕特莉斯却另辟蹊径。她走访了多家药店，向顾客赠送打折券，之后请他们聊健康零食的话题，这样她就获得了第一手资料，而且这些饮食习惯资料所涵盖的人群十分广泛：妻子奉行迈阿密饮食法、自己却需要补充能量的中年男人；想通过混合饮用两种保健饮料来满足营养需求的老奶奶；喜欢天然食品，但却在复杂的食品标签面前望而却步的大学生；刚刚确诊患有糖尿病、不知该如何调整饮食的女子。

但这仅仅是帕特莉斯实地调研的第一步，接下来，她走访了十几户人家，进一步了解了他们的饮食习惯。在自己的家里，受访者会觉得更舒服，而且也能让前来观察的人类学家有机会了解得更深入。比如说，有个女人给人的第一印象绝对是完美主妇。帕特莉斯到她家的时候，烤箱里烤鸡的香味扑鼻而来，桌上的蔬菜沙拉映入眼帘。像往常一样，帕特莉斯拿着摄像机记录下了这一切。如果她只待一小会儿，看到这些就离开的话，那她就永远也不会获知这户人家的真实饮食状况。几分钟后，孩子放学到家，当他看到这一切时，满是惊讶地说："妈妈，你居然做饭了！"

现在讲起这个故事，帕特莉斯还忍不住会笑。"妈妈的伪装全部被拆穿了。之后我们在垃圾箱里发现了比萨盒和冷冻食品的包装。"帕特莉斯并不是想吐槽这位主妇的烹饪技巧，只是想了解她家真实的饮食习惯。帕特莉斯发现，只要在受访者家中多花些时间，就会更容易掌握真实的情况。

帕特莉斯曾请一位母亲记录家庭详细的饮食信息。这位母亲为孩子投入了很多精力，每天接送孩子参加各种体育活动。在她的食谱列表中，有三顿营养丰富的正餐和一些健康的小零食。为了准确起见，帕特莉斯就多问了一句“没有别的了吗”，于是这位母亲就说还会有一两个巧克力棒。称职的人类学家总是力求囊括一切可能的方面，因为我们想要的不是完美，而是真实。

帕特莉斯还和我们分享了另外一条经验，那就是生活永远是非典型的，所以她从来不问类似于“一般情况下，您的食谱是什么样的呢？”这样空泛的问题。在概括的过程中，人类的本性会引导人们给出理想化的答案，而对于观察和实地调研来说，这种非真实的信息就没有多大的意义了。帕特莉斯会问得更具体，比如今天早上和昨天早上分别吃了什么。她发现人们特别爱回答：“和以往相比，今天有点儿不一样。”其实每天都和往常不一样，生活并没有我们想象中那么有规律。

帕特莉斯还努力探寻人们的心路历程。她制作了一些写有“罪恶”“健康”“满意”“均衡”、“酒足饭饱”的标签，并将它们贴在食物摄入地图上。这些标签反映了人们对于自己一天所吃食物的评价。同时，她还在实际摄入食物曲线上增加了一条线，代表人们本打算要吃的食物和摄入的能量。这样，一幅幅生动直观的食物地图不仅反映出人们吃了什么，打算吃什么，还反映出其间情感的变化。

> 人们特别爱回答：“和以往相比，今天有点儿不一样”。其实每一天都和往常不一样。生活并没有我们想象中那么有规律。

积极的人类学家就像酵母，能把所得的素材发酵，从而取得更大的成果。在研究饮食习惯的过程中，帕特莉斯并不满足于做几个简单的访谈，她带着摄像机记录下人们在商店和家里的真实情况。她所制作的食物地图也不仅仅是枯燥的图表和数据，还包含了人们的期待和情绪的变化。这样的表格充满了人情味儿，能够更好地帮助我们了解食物在生活中的地位。

在进行实地观察的过程中请切记：越接地气，收获就越大；做得越有人情味儿，前景就越光明。

挑战极限

人类学家总是能够不落窠臼，在观察事物和思考问题时独辟蹊径。可能我们都听过“人为因素”这一社会科学领域的术语。这个词听起来稍显消极和学术，但实际上，能够充分挖掘人为因素的人是十分积极的，他们的火眼金睛能够找到之前一直被忽视的切入点，从而推动事情取得进展。

若想获得真知灼见，就需要在选择观察地点和观察方式上进行创新。举个例子，如果接到一项改善患者就医体验的任务，你该如何进行调研呢？采访医生、护士和病人？发放调查问卷？这些做法听起来还都不错。但是IDEO的员工罗希（Roshi）选择了一个更为激进的办法，她称之为“人为因素极限法”。这和极限运动可没什么关系，更不会让人胆战心惊、心跳加速。罗希在获得医护人员的许可后，在病房里安装了一台摄像机，并连续拍摄了48小时。她严格遵守着玛格丽特·米德“全心投入”的忠告，在病房里度过了无休无眠的两天两夜。

她都捕捉到了什么呢？

视频显示在这48小时中，对病人的各种干扰一刻不曾停止：灯和门开开关关、走廊里不时传来骚动、护士轮班发出噪声。最重要的一个发现是进出病房的人太多了，医院限制探视人数和探视时间的规定有时形同虚设。在某些时

像玛格丽特 · 米德这样优秀的人类学家都明白，若想做出伟大的发现，就必须花大量的时间进行实地观察

段，病人根本无法休息，更别提睡觉了。罗希把 48 小时长的视频压缩整理到 5 分钟，这样的一段视频小短片就清晰地阐释了病房存在的问题并指明了改进的方向。

观看了短片之后，我又和罗希聊了聊，随后意识到我们所能做的还不止于此。数码摄影技术在最近几年发展很快，普通人也能轻松使用这些曾经很高端的技术。没有斯皮尔伯格我们也能做出优秀的视频短片。

我的建议是自己扛起摄像机或者找一位爱好摄像的队友，可以去拍摄商店、休息室、工厂车间和办公室。不要试图监视员工，我们要做的是更好地了解客户、了解业务。下次再研究问题时，不要只关注几个典型代表，要把镜头对准真实的顾客，观察他们对产品和服务的反应。只有运用这种极限的方法，我们才能够掌握自己机构内部的运行规律、和顾客打交道的规则，而这些都是极具价值的东西。

小观察、大收获

仔细观察顾客的每一个细节，可以为你带来巨大的机遇。前段时间，我在芝加哥的一个食品行业营销论坛上做了一个报告。会后，几个波兰大汉把我围了起来，吓了我一跳，直到他们冲我笑了笑，我才放心。这几个人在华沙的一家软饮料公司工作，几年之前美国广播公司《夜线》（*Nightline*）栏目播出了一期关于IDEO实地观察方法的节目，他们看过之后很受启发，也想试一试，就去当地的几个火车站观察候车的乘客。

随着观察的不断深入，他们发现了一个反复出现的现象：在列车到达前的几分钟，站台上的乘客会先瞅瞅饮料亭，看看自己的手表，然后再望望列车有没有来。粗心大意的人肯定不会观察到这么细微的程度，但是这几位有天赋的人类学家却意识到这些乘客既想买点儿东西喝，又不想错过列车。

于是这家公司就设计了一种全新的饮料亭，上面挂着醒目的钟表，用来提示乘客他们还有足够的时间买杯饮料的。结果就是华沙火车站的软饮料销售额大幅提升，这些人也成了实地观察的忠实信奉者。而这一切都源于那期30分钟的电视节目。

一直以来，我们都在倡导实地观察和快速设计新品，因为某些时候这两种方法就意味着巨大的突破。将这两种催化剂融入创新的配方中，一定会收获惊喜。

实习生的力量

对于IDEO来说，每年夏天的实习生大军都会给我们注入新的活力。有些人认为我们接收这么多的实习生是在回馈社会和社区。其实除此之外，这样做不仅能让我们在招募新员工时有更多的选择，还能保证有源源不断的新想法和新做法涌入公司。

举个例子，米歇尔·李（Michelle Lee）是今年新进的实习生，为了完成斯坦福大学产品设计专业的硕士毕业项目，他花了几个月的时间观察祖孙间的隔代烹饪活动。可能我们听说过隔代信托，而这里讲的却是发生在厨房的隔代烹饪。

通过对祖孙两代人烹饪活动的观察，一系列厨房产品的创意应运而生

米歇尔注意到，祖孙之间的共同点要比同中年人的共同点多得多。祖孙这两代人都活在当下，不忧未来，他们会调动各种感官去细细品味和享受整个过程。但是他们也会面临一些共同的问题，比如端不稳笨重的餐具、搬不动沉重的面粉，而且在对方使用锋利的刀具时，祖孙两代人都会表现出额外的关切。

同时两代人之间还有很大的互补性。祖父母有丰富的知识和阅历，而孙辈则眼神好、视力佳。祖母找不到东西时，年轻人的优势就显现出来了。在米歇尔的一个观察项目中，祖母同4岁的外孙和8岁的外孙女一起烤饼干。祖母眼花看不清菜谱，4岁的外孙不认识字，于是8岁的外孙女就成了中流砥柱。

随着研究的不断深入，米歇尔把关注的焦点放在了制作华夫饼上，因为这种简单易做的小点心深受祖孙两代人的喜爱。米歇尔萌生了一系列的产品创意。比如说，好多孩子都喜欢打鸡蛋，但是却不会操作复杂的打蛋器。那么一款操作简单又能防止蛋壳溅落的打蛋器就能够立即吸引大批消费者。而这仅仅是冰山一角。祖父母十分珍视与孙辈一起烹饪的时光，在购买相关产品的时候很少会去考虑价格，因此这一市场是十分巨大的。

睁大双眼，观察细节，新的机遇就蕴藏其中。与此同时，千万不要低估实习生的能量。

关于孩子的7个秘密

观察孩子并同他们交流，也是十分重要的一点。孩子的视角独特，能看到成年人看不到的事物。我们早已长大，对于童年的感觉也已被岁月侵蚀得所剩无几。凯特·伯奇（Kate Burch）是IDEO的一位设计师，牵头创设了020团队。这一名称来源于他们所感兴趣的顾客群体——0~20岁的人。凯特曾说："孩子有一种成年人所不具备的第六感，并且每一代人都是与众不同的。我们的童年和现在孩子的童年根本没有相似性。今天的孩子坐拥一系列全新的机遇，同时也面临着不一样的挑战。”

机遇无处不在

如果你仔细观察，就会发现有很多人非常细心，对许多有缺陷的事物进行了小小的改进。比如，为了方便大家使用，有的人在复印机上贴了一张便笺进行简单的提示，还有人在前台贴了一张打印说明进行引导。有时候买到手的产品和广告中的描述并不完全一样，这时一位随机应变的销售代表就会让情况大不相同。灵活的人能够对现有的技术和机制进行改变以更好地满足自己的需求。这也是IDEO一直信奉的原则。各种产品和服务总会有些不尽如人意之处，但这也恰恰是机遇之所在。

有些机遇是很容易捕捉的，若想看看周围有多少机遇，可以用下面的方法试一试。将你在家里和单位发现的一些不如意的地方记录下来，再将人们贴的一些小标签、小说明记录下来，你会发现数量是十分惊人的。比如，坐上任何一辆出租车，你都会发现司机对标准化的车内装饰进行了许多小改动，这样才能让自己更方便、让乘客更舒服。一旦你做了这样的观察和尝试，你就迈出了发现机遇的第一步，接下来才有可能做出实质性的改变，从而抓住机遇，赢得优势。

凯特有种天然的亲和力，和孩子沟通起来毫不费力。被问到是否有什么秘诀时，她答道：“其实都是一些常识。”思考片刻，她开始一条接一条地娓娓道来：

1. 关心孩子的鞋

绝大多数孩子对脚上的鞋都很有想法。但是对于交流来说，成人与孩子间的身高差距是个障碍，因此优秀的人类学家会蹲下来，和孩子保持在同一高度进行沟通。

2. 爆一点儿你自己的料

跟孩子说一些你自己的事情，可以说工作、生活，也可以聊兴趣爱好，最好说说你的弱点，这样不但会让你显得更有人情味，也会开辟你与孩子交流的新领域。

3. 邀请孩子的好朋友

即使是最害羞的孩子，也会在好朋友面前敞开心扉、侃侃而谈。有时候孩子会和好朋友天南海北地聊，甚至忘了旁人的存在，这可是文化人类学家进行观察的最佳时机。

4. 分享“机密”

虽然通常情况下孩子并不能为妈妈或者好朋友保守秘密，但是还是要告诉孩子我们与他的谈话是重要机密，因为这样会让孩子觉得自己的想法是有分量的。事实上，他们的想法的确很重要。

5. 家访

家访能让我们轻松获知孩子对玩具的喜恶。在获得父母的许可后，绝大多数孩子会很乐意带人参观自己的家。他们既会谈家庭的概况，也会细致地聊房间里的小物件。家访会给我们打开一扇了解孩子世界的窗户。

6. 100 元能做什么

问问孩子 10 元或 100 元钱能做什么，这会很快帮我们了解时下最流行的东西。如果问孩子目前最潮的装备是什么，他们很可能会对你提高警惕。但是如果问他们有 100 元钱会怎么花，他们则会更容易表达内心的真实想法。他们要买的一定是时下最潮、最流行、最受该年龄段孩子欢迎的东西。

7. 让孩子开心地笑

欢乐的孩子更爱说话。如果聊天时的气氛比较严肃，孩子很可能规规矩矩，只说一些他们认为你想听的话。但是如果能让孩子开心地笑起来，那么孩子向你展现的就会是完全真实的自我。与成人相比，孩子的伪装更少，因此和孩子聊天会给你带来不一样的惊喜。从孩子身上我们可以学到很多东西。

观察无处不在

最有天赋的人类学家也会缺少足够的时间和资源进行海量的观察。那么有没有捷径能让我们迅速获悉新鲜的想法和天下大事呢？

IDEO十分崇尚杂志和新书的价值，它们能迅速地给我们带来信息和启发。我办公室旁边有整整一面墙的地方摆放的都是最流行的杂志，从《商业周刊》（*Business Week*）、《快公司》（*Fast Company*）到各种装修装饰方面的杂志，无所不包。这里不是一个中规中矩的图书馆，而是一个开放的空间，位于公司最繁忙的地方。我们相信，简单地翻看这些新杂志对于关注创新的公司来说意义重大，而且还会激发公司内部出版刊物的热情。IDEO的用户体验设计团队定期会出版一本名为“思想炸弹”的小册子，里面的内容都是最新的趋势、观念和新鲜的想法，而这一切的来源就是我们所翻阅的杂志。

如果您对杂志不感兴趣，还有另外一条建议可供您参考：去纽约第八大道的环球咖啡店转转。它在规模上堪比大型书店，只不过里面摆放的不是书，而是7 000多种杂志。杂志封面的图片和标题极其有吸引力，让人欲罢不能。每一大类下面的杂志种类比一般地方书店的全部图书还多。我曾经统计过，科学类有100多种，汽车类160种，艺术设计类150种，此外还有专门的外语杂志，涵盖法语、德语、意大利语、西班牙语等语言，另有整整一排摆放的是非洲主题的杂志。这种地方就像磁场，人们被深深吸引，无法离开，更何况里面还提供食物和饮料。这家咖啡店每天从凌晨5点开放到午夜，人们有大把的时间在潮流信息和精美图片的海洋里遨游。

品种齐全的杂志商店能够给人带来无限的灵感和最新动态

可能有的朋友会说，我没机会去纽约怎么办？绝大多数城市都有和环球咖啡店类似的书店，即使规模不能望其项背，但是风格却如出一辙。好莱坞的世界图书新闻角存有5 000多种杂志，芝加哥的城市新闻港凭借6 000多种刊物则更胜一筹，迈阿密南海岸有自己的新闻咖啡店。其实一些主要的大书店也是个不错的选择，杂志储量也能达到1 000多种。即使我们没有时间仔细阅读，也要尽量花时间去翻阅、去浏览一下，因为世界上的知识与信息是无穷无尽的，在翻阅的过程中我们可以发现新奇的想法和创意，没准儿哪本杂志瞬间吸引了你，从此陪你开启一段神奇的旅程。

关注当下

高管都爱说自己的公司乐于倾听顾客的想法。倾听确实是好事，能够帮助我们对眼下的情况进行评判，但在预测未来方面却无能为力。这也就是为什么设计科学的调查问卷能够获得顾客满意度方面的信息，但却不能带来突破性的创新。

大多数消费者善于评判自己所购买的产品或服务能否满足自己的现实需求，而且都喜欢操作便捷、价格低廉的东西。但他们仅仅能评论当下的产品或服务，并不能帮你更新产品、规划新的商业模式。如果要问顾客如何才能对你的公司业务进行创新，这无异于在大街上随便拉个人问他NASA（美国国家航空航天局）的航天飞机退役后要怎么办，一项还未问世的产品会在未来的10年给您的生活带来什么样的改变？消费者根本无法回答这样的问题，因为未来有太多的变数和未知。总之，不能指望消费者告诉我们如何进行突破性创新。

而我们要做的就是去仔细观察消费者，你会发现消费者会因店面难看而过门不入，还会发现消费者青睐竞争对手产品的原因。人们如何应对新环境，如何处理新问题，如何对事物进行改造从而为我所用……这些小问题往往都蕴藏着巨大的智慧。简·富尔顿·苏瑞（Jane Fulton Suri）是IDEO的一位管理者，她把人们的这些适应性行为称作“下意识行为”，还出版了一本同名的书。通过观察人们的“下意识行为”，我们可以发现顾客潜在的需求，甚至萌发灵感，做出伟大的创新。

机场的遭遇

在简的帮助下，我发现人类学家的实地观察能够带来许多创新的灵感。但是，为何能够运用这一方法的公司却凤毛麟角呢？原因也许在于它们通过观察获得了一些想法，但却未能付诸实践。事后反观，许多好的观察都是很简单的，并不复杂，但在当时却需要人们打破常规，以全新的视角去衡量。各类企业都应安排更多的团队赴一线进行观察，肯定会发现巨大的机会并给企业带来效益。

我从简和其他人类学家处获得的一条有益经验就是，一定要保持好奇。怎样才能保持好奇呢？首先要找一个自己感兴趣的领域。就我个人来说，我很喜欢旅行，并且经常旅行，通过观察旅行过程中的种种现象，我认为自己对许多相关行业都有了更深刻的认识。

不久前，我乘飞机去法国，在巴黎戴高乐机场就发现了一个潜在的商业机会。当时我手里的旅行指南显示，我先乘坐城铁再换乘巴黎地铁就可以到达目的地了。我买票花了 7.5 欧元，我发现整个地下交通系统很不错，但却有一个很明显的问题——要想进站，必须要通过一个十字转门。这就是麻烦开始的地方。

戴高乐机场的十字转门用起来还是比较便捷的，可一旦你带了行李，情况就不容乐观啦

设计师（也可能是工程师）忽略的一个问题是，乘坐国际航班到达的旅客一般都会带行李，如果行李箱稍微大一些，通过十字转门就会很费劲。我在旁边观察了一会儿，发现很多旅客被转门弄得狼狈不堪。我并不是幸灾乐祸，因为我也饱受其害，深有同感。

十字转门很窄，拿一件行李都不容易通过，更别提一手拎一件了。我一般出门都是轻装上阵，只有一个背包和一个简单的商旅箱，因此通过转门时并不是太费劲。但是对于带拉杆箱出门的人来说，情况可就不乐观了。雪上加霜的是，除了拉行李，你还得把一张紫色的小票从进票口插进去，几秒钟后再从门内的出票口拿出来。绝大多数乘客看到这种情况的第一反应都是目瞪口呆，但很快都能想出千奇百怪的办法。有的是丈夫先过去，然后由妻子把行李一件件递过去，还有的干脆把行李顶在头顶。无论用什么方法，整个过程都是很让人纠结的。

如果建造者在一开始的时候能够花一点时间观察一下，发现这个问题，任何优秀的建筑师、工程师或者设计师都能很容易地找出解决方案。我用 5 分钟就发现了问题，但是却有那么多在十字转门旁工作了很多年的人视而不见。其实，他们也许早就注意转到了这个问题，但是心里却想着，“本来就是这样的啊，也许这个问题等将来车站扩建或者引入电动转门时就解决了。”如果当初他们能设计一个模型试验一下，哪怕是多考虑一下，情况就不会这么尴尬。所以，一定要舍得花时间去观察人，去探索人们的需求，这样才能够最大限度地避免问题。

从孩子着手

人类学家不仅能帮我们洞悉现在，还能帮我们预测未来。若想了解明天的主流市场，好好观察一下现在的青少年就会得到启发。

更快的马

几年前，IDEO和梅奥诊所合作一个创新的项目，于是就在诊所里设立了一间专门的办公室。有一次我去参观，看到墙上贴着福特汽车创始人亨利·福特的一句话——如果你问顾客他们想要什么，他们会告诉你想要一匹跑得更快的马。福特说得很有道理，我们永远不要期待顾客能够帮助我们预见并规划未来，因为他们仅对目前的情况有所了解。

福特公司的许多成功都是在20世纪初期取得的。想象一下，如果你是同时期一家生产录像机的厂商，你问顾客他们对录像机有什么期待，你得到的答案可能是，“我想让倒带速度快一些。这样一来，当看完大片意犹未尽的时候，很快就能看第二遍了。”你听从了顾客的建议，呕心沥血，生产出倒带速度最快的录像机。但当你发行新品的时候，DVD播放器问世了。无论是图片质量、音效、容量还是性能，后者都更胜一筹，而且根本就不需要倒带这种功能！同理，DVD播放器厂商也要保持警惕，时刻关注视频下载方面的创新趋势，避免在未来像录像机一样被打得一败涂地。

当然，优秀的公司都有倾听消费者意愿的传统。但一定要注意区分消费者当前的意见和对未来的想法，因为他们往往没有想得那么长远。

我们已经讨论了一些观察的方法，其中最重要的原则是要去观察和我们有细微差别的人，对产品或服务爱憎分明的人，不惧表达自己想法、感觉甚至偏见的人。这样的人听起来是不是很像十几岁的青少年？

这个年龄段的人喜欢不断尝试新鲜事物，并很快做出或爱或恨的判断。他们掌握着最新的技术和潮流。如果对某种事物有着巨大的热情，并且真心喜欢，那他们一定会让其轰动一时。

博客、短信、MP3都是这样的例子。在青少年的追捧和推动下，这些事物都成了不可逆转的潮流。与此同时，还要经常关注玩具，因为玩具有时会激发创新，从而使企业生产出能够打入成人市场的产品。

孩子一直是IDEO关注的一个焦点，我们在旧金山有专门的场所，那里装修得就像幼儿园，有些办公区域摆满了有趣的小物件和游戏光盘，看起来好像青少年的房间。每隔一周，我们就会邀请孩子们来体验一些新玩具和教育产品，以期找到二者之间的联系。

多年以来，IDEO的玩具研发部门一直借助“孩子的力量”来测试各种玩具样品。突然有一天，方德 · 布兰登 · 博伊尔（Founder Brendan Boyle）偶然发现了这样的规律：如果在邀请孩子来玩儿玩具样品的时候收取一点费用，那么来玩的孩子会更多，妈妈们也愿意花这笔小钱（前提是比请同等时长保姆的费用低）。而且这些孩子因为付了钱而不想错过任何有价值的部分，还会来得更早。

为什么要不遗余力地从孩子身上学习呢？因为孩子善于接受新鲜事物，而成人则倾向于寻找各种理由故步自封。其实短信并不是效率最高的沟通媒介，但却满足了孩子们八卦聊天的需求，而后很快也受到了成年人的大力追捧。

如果要为人类学家选择一个观察的起点，那么年轻人是不二之选。不论您处于何种行业、何种岗位，都应去观察孩子并同孩子聊聊。他们不仅能让您的心理状态更年轻，还能帮您看到未来的趋势。

02 实验师

THE TEN FACES
OF INNOVATION
Strategies for Heightening Creativity

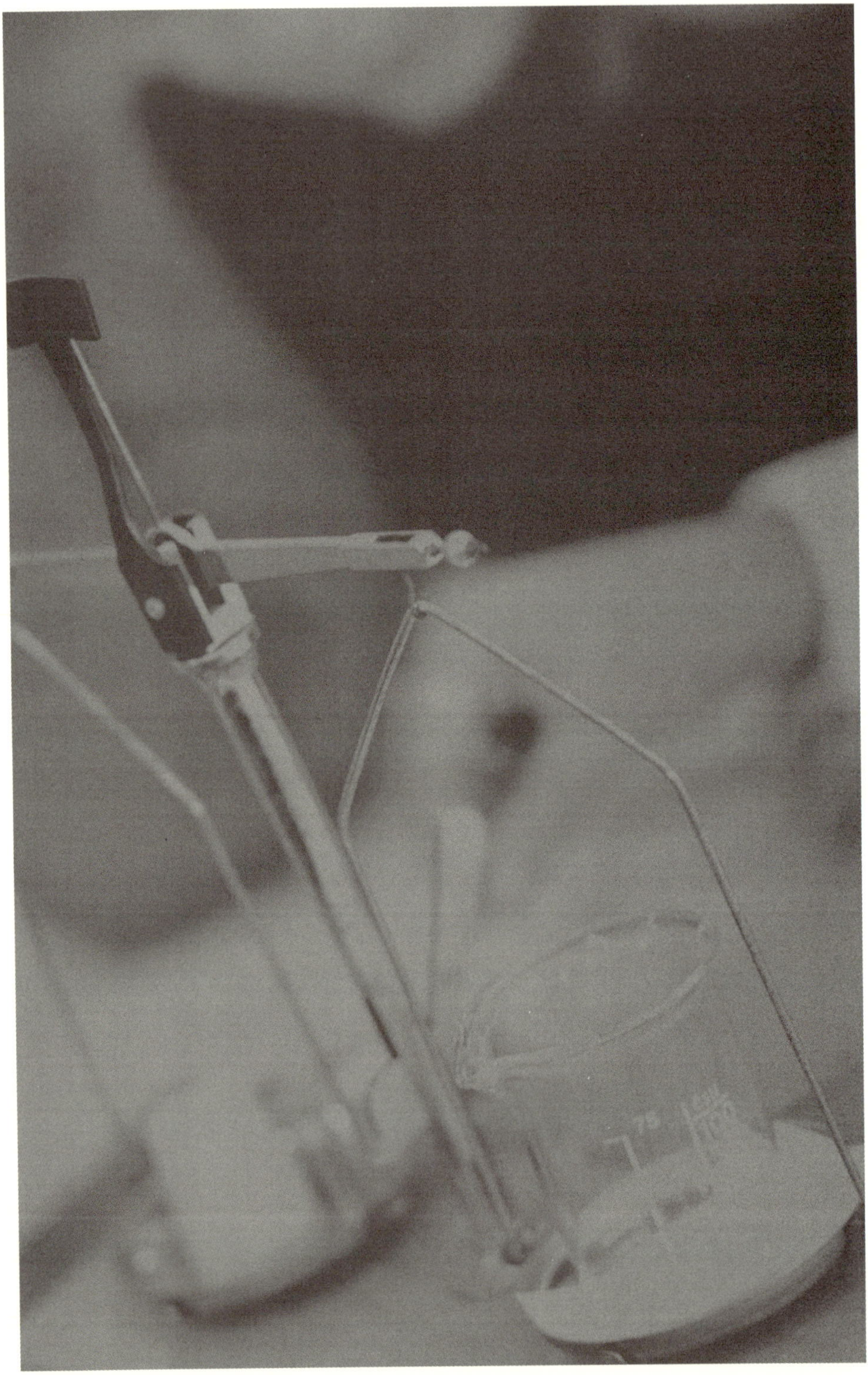

我并没有失败。我只是成功地发现前一万种方法行不通。

——托马斯·爱迪生

实验师可能是创新过程中最经典的角色。一提到实验师，我们就会想起达·芬奇和爱迪生这样伟大的发明家。但在实际创新中，实验师并不一定是伟大的天才。他们只是一群充满激情、勤奋、好奇、开放的人，努力寻求灵感和顿悟，并且一直脚踏实地、不惧付出努力和汗水。我们为怀特兄弟的成功而喝彩，却忽视了他们之前200多次的试验和数次险些丧命的事故。我们只知道WD–40是一种润滑清洁喷剂，却很少去想它的名字的来历。40代表第40次尝试，也就是说，在39次试验失败的基础上，才有了这种强力的喷剂。英国著名企业家詹姆斯·戴森（James Dyson）曾说，在发明真空吸尘器之前，他一共做过5 127个失败的模型，最终功夫不负有心人，试验成功了，他也成了亿万富翁。

实验师热衷于尝试新的想法和方法，追求更快的速度、更低的成本和更多的乐趣。他们在初始阶段从不惧怕小失败，因为只有这样才能避免后期犯下严重的错误。他们善于和各种类型的团队合作，会主动邀请同事、合作伙伴、顾客、投资方、孩子等所有的相关方来参与，并虚心听取相关方的意见，从而做出改进。

什么样的人才是实验师呢？在IDEO，实验师通常是能够把抽象的想法具体化的一群人。他们能飞速画出草图，能用胶带和简单的原材料做出粗略的模型，还能拍摄短片让新的服务理念切实可感。

在现在的社会里，试验通常意味着制作产品或服务的初始模型。模型法于IDEO的意义是十分重要的，就像是锤子之于木工。正是因为有了模型法，我们才能够让很多新想法有血有肉。模型法已经融入了我们的血液。最近几年，我们还积累了一些新的心得体会。

首先，模型法可以应用于各个环节，不论是开发新产品还是新服务，不论是研发、推广还是营销。曾经有一段时间，我们力求把模型做得尽善尽美，但其实完全没有必要。只要具备核心要素，我们的第一版模型是可以十分粗糙的。

最近几年，我们大大扩展了模型法的应用范围。比如计划书，我们也可以用模型法来呈现。前不久，美国的一个职业运动联盟请我们制订一份计划书。我们按照标准制订了一份中规中矩的计划书，但却遭到了拒绝。然而实验师坚信，一无所有的时候恰是创新的最佳时机。一位精通市场运作的实验师说，干瘪苍白的文件毫无吸引力，鲜活的视频短片就不一样了。其实，我们都看过一些恶搞时事的低分辨率视频在网上疯传。虽然我们从未拍摄过计划书的视频，但大家都愿意一试。于是我们拍摄了一段30秒轻松活泼的视频短片，并将我们的热情和这项运动的特点融入其中。视频很短，分辨率也很低，所以通过邮件传送一点儿都不费力。但这个短片却产生了轰动效果。最先收到视频的联盟经理把它转发给了同事，同事们开始疯狂地转发，不到90分钟，视频短片就转发到了联盟主席那里。

这项低成本的试验产生了不一样的效果，现在我们正在和该联盟商谈进一步合作的事宜。

布兰登 · 博伊尔和他的020团队就像天生的实验师，每年都会创造几百个模型，并从中开发出一系列面向孩子的产品和服务。通过反复实践模型法，他们积累了许多经验：关注过程而不是方法。既可以通过视频的方式呈现模型，也可以用图画的形式来展现多步骤的流程图。有时可以采用最先进的数字技术，但有的时候简单的几块木头再加上彩笔就足够了。

> 实验师能够迅速地将想法变为草图、模型，直至产品，而且他们很享受这个过程。

实验师能够迅速地将想法变为草图、模型，直至产品，而且他们很享受这个过程。有一次，布兰登和他的团队正在开早间例会，突然有人提议生产一款给孩子用的音乐平衡木。这个想法虽然简单，却引起了大家的共鸣，很快就有人想起了汤姆 · 汉克斯在电影《飞越未来》（*Big*）中站在巨型钢琴上跳舞的画面，于是大家马上着手制作模型。他们锯了块长宽比为6：2的木板，用亮色彩笔画出音符，又找了一位小志愿者在上面轻快地跳几下，并拍摄了段视频。之后他们用电脑对视频进行加工，让孩子的每一步都和对应的音符相匹配。这就万事俱备啦！

总共的时间成本：制作模型的几个小时加上拍视频的一个半小时。不到一个月，这个创意就被一家玩具巨头收购，并投入生产了。

实验师的核心精神就是让抽象的想法具体化。我的建议是要允许甚至鼓励粗糙原始的模型。把这样的模型呈现给领导往往需要更大的自信和勇气。

有一个特别好的例子。IDEO芝加哥分公司和著名医疗器械公司佳乐（Gyrus ENT）合作了一个项目。项目初期的时候，我们和该公司的医疗咨询委员们一起开了一个会，讨论将要生产的一种新型鼻腔手术工具。因为会议室里全都是受人

这么简单的一个音乐平衡木的模型，激起了玩具巨头的兴趣，并很快就将其收购了

尊敬的医生，所以我们表现得规规矩矩，并且言行谨慎。我们鼓励大家充分表达自己的想法，因为创新依赖于所有人能够畅所欲言。随着讨论的不断深入，大家费力地比画着、描述着甚至连雏形都没有的产品。我们团队的一个年轻工程师突发奇想，冲出了会议室。在旁边的一间办公室里，他就地取材，用胶带把一支白板笔和一个柯达胶卷桶缠在了一起，又把一个橙色的夹子夹在胶卷桶的盖子上。5分钟后，他拿着这个很粗糙的模型重回会议室，问其中的一位医生："您说的是这样的东西吗？"医生兴奋地说道："是的，就是这样的！"

这个粗糙的模型不仅让项目得以继续进行，而且逐步发展成今天的迭戈手术系统（Diego Surgical System），每年应用于近万台手术。如果当时我们的工程师没有胆量展示自己的模型，这一切就都无从谈起了。

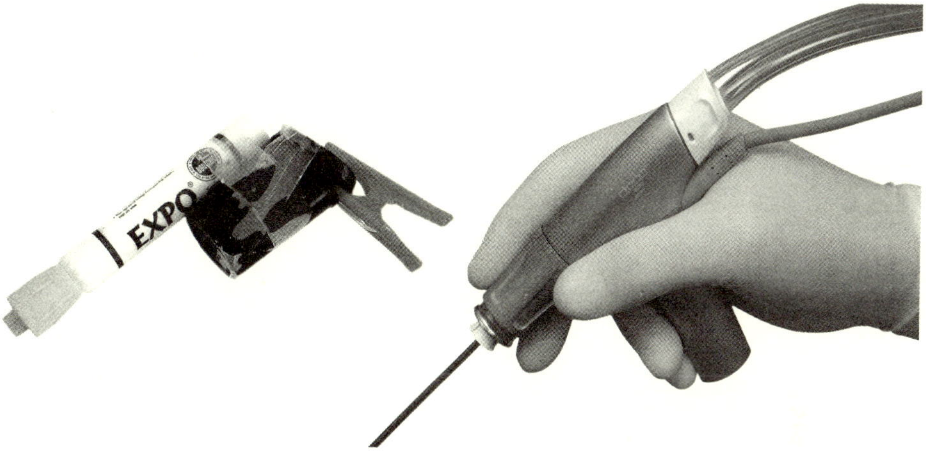

即使是最复杂的产品，其原理和内涵也能够通过粗糙的模型简单明了地展现出来

从这个案例中汲取的经验是，要尽可能地降低模型法的门槛，创造一个宽松、包容的环境，鼓励粗糙的初始模型，这样才能在项目后期有更大的斩获。有一次我在做讲座的时候，把上文提及的手术工具模型图片展示给听众。达拉斯的一位高管问我：“如果公司里没有这么有能力的人该怎么办呢？”我看了看她，又看了看手里的模型，答道：“怎么会呢？从上到下哪个部分是你的员工做不出来的？难道他们不会用胶带？”

降低模型法门槛的意义在于，它能鼓励机构里的所有人都来进行尝试。我们公司里有很多优秀的设计师，他们可以画出栩栩如生的效果图，但是他们不会嘲笑我展现在白板上的拙劣画技。因为我们关注的是内在的思想和精髓。

> 我鼓励公司管理层要学会“透视”——忽略表面的细节，抓住事物的核心。

这也是一种开放包容的精神，虽然听起来有些虚无缥缈，但我相信这种精神是可以在公司内培植起来的。如果一位员工分享了一个粗糙但很不错的想法，我们应当继续跟进而不是加以嘲讽，我们应当关注它的潜力而不是不足。

在提供咨询服务时，我鼓励公司管理层要学会“透视”——忽略表面的细节，抓住事物的核心。如果管理层能做到这一点，很快就会在整个机构内形成氛围，跃跃欲试的实验师们也会开足马力前进，各种新奇的创意就会不断涌现。

极限模型法

还记得我们之前说的模型法可以应用于各个领域吧。下面我们再来看一个案例。

为改善孕妇在生产过程中所接受的服务质量，我们曾经专门组织了一个团队进行调研，最终发现了问题之所在：在一家每年有成千上万名婴儿出生的医院，产科病房和产后病房完全衔接不上。

为了获得第一手资料，我们潜伏在医院。正好客户团队中有一位还有一个月就要临盆的孕妇，我们就安排她住进了产科病房，又在IDEO的团队中找了一个人充当孩子的爸爸。神奇的是，我们顺利地办完了很多手续，包括初期与医生和护士的谈话，居然没有人识破我们的“诡计”。

我们的目的是发现问题，从而让产科和产后病房更好地衔接起来。之后的经过是这样的：我们的“潜伏妈妈”躺在轮床上被推出产房，通过走廊后又坐了好几层电梯。“爸爸”则抱着襁褓中的孩子（更准确地说是个塑料娃娃）一路跟随。产后病房的护士刚开始根本没发现孩子是假的，直到她掀开襁褓才满脸迷惑地问道：“怎么还穿着裤子呢？”我们的工作人员跟她详细地解释了一下，她才如释重负。

这次“潜伏”的经历让我们成功开发出好几个服务模型，可以用于加强医院内部各部门间的联系，改善病人的就医体验。虽然这次模型法的操作过程有些激进，但收到的效果却十分显著，我们切实体会到了病人躺在轮床上被推来推去的无助，感受到了产房护士把她推出去时迫不及待的心情，也感受到了不同部门间对于资源的争夺。

可能有的人不认同我们的做法，他们认为只要去医院看一看，和产妇谈一谈就可以了。但是要想对某项复杂的服务进行创新，没有各环节间的合作与不断的尝试是无法实现的。我们真切地体会产妇躺在病床上的心情，这要比一千次的采访宝贵得多。

在操作模型法的过程中，实验师能够把所有的利益相关方囊括进来，进行有效的实地观察。这样，一条通往创新的桥梁就建立起来了。

在实验中落实

与设计单一的产品不同，要设计并在多个地点推广一项服务往往复杂得多。每个城市都有不同的情况，服务行业可不像马路上行驶的汽车，只有那几种款式。可能有的朋友会想到美国的特许经营，这种模式不是很成功吗？比如连锁餐饮店，它的成功经验为何不能复制？从大量的服务创新实践中我们总结出这样的经验：最核心的是人和团队，最关键的是要赢得一线员工的认可、尊重和忠诚。

有这样的一个案例。我们曾和一家连锁的大型医院网络合作，并在旗舰医院成功地完成了几项服务创新。在传统的特许经营模式下，总部的经验会原封不动地复制推广到各地的机构，但IDEO转化团队的负责人彼得·科赫兰（Peter Coughlan）却坚决反对这样的做法。严格的体系与创新之间是存在冲突的，虽然我们认同标准化服务，但是如果各个机构存在一定的独立自主性——比如，大公司在全国各地的分公司或连锁酒店在世界各地的分店——我们就不能简单地复制、粘贴了事。

在执行上述项目和许多其他项目的过程中，我们发现旗舰店或总部的成功经验通常需要进行相应的修改才可以推广至整个网络。彼得主张让各个分店或分公司进行试验，在试验中摸索。这样做的原因在于，如果一个想法并不是由某一机构自身产生的，那么要在该机构中落实这一想法，阻力就会非常大。

强迫人们去接受外来的做法会激起敌意和反抗。我们的做法是鼓励各地的机构在保留核心理念的基础上进行试验，创造两种或更多的模型。这样就更容易得到本地员工的认同，而且他们也能够根据本地的实际情况来进行调整。最重要的是，他们还能够有足够的时间和空间来进行内化、吸收。我们把这种做法称为"在实验中落实"。毕竟，这些一线的员工才是亲自操作并提供各种服务的人。

让实验法和模型法成为常规的工作方法，和简单的复制粘贴一刀切说再见。时刻保持开放的心态，不断从实验中汲取有益养分，结果会让人惊喜的。不仅主要机构的创新成果会更明显，其他机构也会激发出巨大的创新动力，从而让创新在整个系统中形成蝴蝶效应。

实时试验

在我接触过的所有公司中，把"在实验中落实"做得最好的是位于美国硅谷的Tellme Networks公司（该公司的产品旨在搭建语音识别和互联网之间的桥梁）。这个名字听起来可能有些陌生，但是如果你使用电话语音系统订过美国航空公司的机票或使用过全美索引目录，那你使用的肯定是这家公司的语音识别软件。去年，我曾和设计专家唐·诺曼（Don Norman）一起参观过Tellme公司。在我们成行的前三天，唐通过Tellme的系统订了飞往洛杉矶的机票。他向Tellme的一位管理者反映，"L. A."是洛杉矶（Los Angeles）的简称，但他们的系统居然未能识别，而这几乎是尽人皆知的事实。三天后，当我们见到Tellme总裁麦克·麦丘（Mike McCue）时，唐说："贵公司的系统太了不起了，已经把不能识别‘L.A.’这个漏洞解决了，除了在识别的时候有一点点卡壳。”麦丘答道：“这个问题啊，我们已经解决了！”我非常吃惊，这么大的一个覆盖全美的实时操作系统，居然能够在短短的三天内完成软件的编写和测试工作，这太令人难以置信了！

“这不算什么！”Tellme的副总裁加里·克莱顿（Gary Clayton）说，“我们还可以做得更快。”之后他给我们讲了公司早些时候的一个故事，当时Tellme正在争取让UPS（联合包裹速递服务公司）成为自己的客户。在硅谷举办的一次宴会中，UPS的一位高管说他们最近把公司名称从United Parcel Service改成了UPS，即只说首字母，不再使用全称，“但你们的语音系统播报的仍然是United Parcel Service，这对你们来说可能无关紧要，但对我们公司来说却意义重大。”听到这里，加里起身打了个电话。在宴会即将结束，侍者端上甜点的时候，他递给UPS那位高管一部手机，说道：“试试吧，你会喜欢你所听到的内容。”在主菜过后等待甜点的这段时间里，Tellme的软件奇才就完成了一项软件更新并为系统安装了补丁，满足了UPS的需求。最后，UPS理所当然地成了Tellme的客户。

这个案例的经验适用于各类公司，无论是金融业、制造业还是零售业。让实验成为企业文化的一部分，快速对各种情况做出反应，根据市场变化和顾客需求对自己的产品或服务进行调整，你的公司很快就会脱颖而出、鹤立鸡群。

冲掉错误

IDEO信奉一条名言——失败来得越频繁，成功来得就越早。这与我们不断进行快速实验的理念有关。如果我们能够不断并且快速地创造出各种模型，那么在此过程中一定会犯下许多错误，但纠正了这些错误，就意味着我们离成功越来越近了。

不幸的是，很多人和机构被这些错误击败了，从此一蹶不振，惧怕失败。对失败的恐惧只会增大失败发生的概率，同时失去进行试验的勇气。

我们应该如何应对这种情况呢？几年前，斯坦福大学成立了一个名为积极训练联盟（Positive Coaching Alliance）的全国性组织。他们发现，有些孩子之所以不喜欢运动，是因为惧怕犯错。为了克服这种与生俱来的恐惧，该联盟主张推行一种他们称之为“错误仪式”的方法。

而实际上这却是一种为成功做铺垫的仪式，其目的是清除成功路上的错误。联盟董事会成员肯·拉维扎博士（Dr. Ken Ravizza）最近在加州大学富勒顿分校将他们的“仪式”付诸实践。该校棒球队的战绩一直不错，身为著名运动心理学家和人体运动学家的拉维扎用一种名为“冲掉错误”的方法让该队的战绩更上一层楼。训练时，他发给每位队员一个玩具马桶，一旦谁犯了错误，就按下冲洗按钮，把错误冲掉；真正比赛时，他让队员将马桶存放在自己的大脑中，犯了错误就自己重复上述动作。这样一来，犯过错的队员很快就能将错误忘掉，排除心理负担，从而轻装上阵。

突然之间，球队战绩有了很大的起色，还赢得了多项全国性比赛的大奖。

您肯定也能想出一套适用于你的公司、部门或者团队的“冲掉错误”的方式。不妨试试看，这不会伤害到你的，只会让你变成一个赢家。

纸模型

很多人认为做模型和创新都是很庞杂的、做起来很难的事，但很多时候事实却并非如此，解决了一个单一的问题，接下来就顺风顺水了。42 英寸平板电视刚问世的时候，价格一降再降，但就是无法激起人们的购买欲望。其中还有另外的一个难题，那就是大型平板电视将占据消费者家里墙壁上的很大一块空间。

家用电子产品方面的营销专家告诉我，平板电视淘汰传统显像管电视之后，家庭购买电视的决策模式发生了很大的变化。过去，购买电视机被认为是一个技术性的问题，所以由男主人决定；但是新型的平板显示器让大家觉得购买电视机属于室内装潢设计的范围，因此就由主妇来决定。新旧电视机的外观变化太大了，把新电视放在哪儿、是否能放下，都是伤神费脑的事情。

玛丽·多恩（Mary Doan）是好家伙（The Good Guys）电器零售店的市场和广告部门负责人，她向我讲述了她如何做实验、如何跨越这个障碍的故事。当时她去纽约旅行，发现那里的折叠地图很有趣，于是就萌生了一个想法：可以把和平板电视同样大小的模型折叠起来派送出去。

一个简简单单的纸模型，就能够让顾客对产品产生直观的感受

于是他们就真的这样做了，把折叠模型放在报纸或海报里，打开之后的模型和42英寸的平板电视一样大小。我看着这张薄薄的“电视”，眼前出现了这样的场景：主妇把模型挂在墙上，惊奇地喊道：“快看，亲爱的，正好可以放得下。”事实上，

好家伙的平板电视销售额在下个月出现了大幅增长，近一半的顾客都说家里早已经把模型挂在墙上了。

神奇的模型产生了魔力，让之前还在犹豫不决的人们下定了购买的决心。玛丽还给我讲了另一个故事。威尼斯的一位单身父亲回到家，看见孩子已经把模型贴在了墙上，孩子对他说："爸爸，今年的圣诞节礼物我们就要这样的电视机！"这位父亲说，别看模型只有一张纸厚，威力可势不可当呢。

您是不是从这个故事中得到了启发，也想做个精巧的模型，以便打消顾客的疑惑、推广自己的产品或服务呢？那你就开始行动吧。

多重选择

实验师认为，在创造模型的过程中，多几个模型总比少一些好。一个模型势单力薄，虽有一定的价值，但终归有限，总比不上更多的选择好。如果你把仅有的一种模型展示给大家，并热切地问"您觉得怎么样"，那么大家会把对你的看法也掺杂进去。朋友会给你以鼓励，而对手就不会照顾你的感受了，你多半会听到他们小声嘀咕"让人一头雾水"。我们在IDEO的做法是尽可能多提供一些模型供选择，因为实战经验丰富的实验师都知道，多重选择能让大家更坦率地对正反面、优缺点进行讨论。

给大家举一个生活中的例子。一天晚上回到家，妻子告诉我她买了件新衣服，然后跑到隔壁房间穿上让我看，"亲爱的，你觉得怎么样？"衣服的标签还在，还可以退货，所以这就相当于一个模型。但是我的选择只有一个，那就是认为裙子好看，因为这条裙子是她挑好、试好并且付了钱的，现在她又穿在身上，我除了喜欢别无选择。

如果有多种模型，情况就会大不相同了。比如你陪妻子去买衣服，她选了好几件一起拿进试衣间，然后一件件地询问你的意见。在此过程中，她试穿了上面提及的裙子，你就可以大胆地说："亲爱的，我觉得这件不太适合你。"为什么这时就能说实话了呢？因为你有了多重选择，你只是说她穿这条裙子不合适，并没说穿其他的衣服也不好看。妻子这样做就避免了把所有的鸡蛋都放在同一个篮子里。在商业中也是如此，切忌只提供一种选择，让消费者要么喜欢，要么讨厌。消费者更喜欢在不同的选择中进行比较和权衡。

在预算和时间允许的前提下，做出尽可能多的模型，这样就可以避免很多尴尬，还可以获得更多真诚、有益的反馈。从不同的模型中吸取长处，这样最终的成品就会变得更好。

也许有的读者会说："道理我们都明白，可做这么多的实验和模型是要花费大量成本的呀！"这也就是为什么我们在前面部分就提到过一定要降低模型法的门槛，让它变得更便捷、更经济。

分解风险

对于提供服务或用户体验的企业来说，小实验的价值更加明显。在波士顿的布里格姆女子医院（Brigham & Women's Hospital），我们遇到了一个难题——每到午饭时间，电梯就会拥挤不堪，很多写字楼也有同样的困扰。对于其他企业来说，这不仅会引起一些不便，还会降低效率。但是对于医院来说，这是事关治病救人的大事。我们很快就想出了一些办法。首先，我们发现，在客梯拥挤不堪的同时，运送病人和医疗设备的电梯却没人。我们决定做一个小实验，派一名保安来这里监督，在保证不耽搁运送患者和设备的前提下，用这部电梯运送部分医护人员和探病家属，以缓解客梯的巨大压力。与此同时，我们的团队还想到了另一个新点子：举行爬楼梯大赛，鼓励更多的人步行上楼。

我们在醒目的地方贴上了彩色条幅——今天你爬楼梯了吗？每爬一次楼梯，大家都会在自己的名字后面贴上一个标记。猜猜结果如何？很多护士（和一部分医生）对此特别感兴趣，午饭时间电梯的拥挤问题也就迎刃而解了。爬楼梯大赛的意义有三点：增强了大家对于使用电梯的意识；让大家都能参与进来，为缓解客梯拥挤问题贡献力量；证明了小实验的巨大威力。

实验师就是这样，喜欢不断地创造各种模型，进行各种实验。阿兰·索斯（Alan South）是IDEO伦敦分公司的设计师，他把这种做法叫作“分解风险法”。把一个大问题分解成若干部分，同时进行多个小实验，不知不觉中就积累了经验，发生了量变，最后发展成质变，促进全局的改善。

下次再遇到复杂的问题，按照这样的方法试一试吧。诚不欺君。

打破常规

实验师若想有所突破，在某些情况下就必须要打破常规。几年前，位于明尼阿波利斯的广告公司法隆·麦克艾里哥特（Fallon McElligott）承接了为宝马拍摄电视广告的任务。行业惯常的做法是拍摄一段30秒钟的视频，买下媒体的黄金时段播放。但是法隆却打破常规，和宝马公司一起邀请了一批世界上最优秀的独立电影制片人，拍摄了一段8分钟的视频短片，取名为《赏金车神》（*The Hire*），并发布在宝马公司的官网上，没为播出广告花一分钱，但是却引起了巨大的轰动，报刊和电视争相对其进行报道，还有很多人把链接发给自己的朋友、同事。从此，这种形式的广告成了宝马的一大特色，每年发行新产品的时候，都会产生很好的效果，甚至我们在IDEO公司都会觉得那几天的网速变慢了。

这段影片不仅吸引了大量网民（在网络上观看过宝马视频广告的人有5 000多万）登录宝马公司的网站，还被多家航空公司收入飞机娱乐视频系统。这是一个很好的试验创新的例子。宝马得到的回报是，其后两年的销售额屡创新高。

Bmwfilm.com是一个很大胆的网站，成功地为宝马吸引了很多点击量

销售领域的模型法

在当今竞争如此激烈的商业世界，光生产出新产品还远远不够，还要考虑怎么把产品卖出去，而营销也是模型法可以发挥作用的环节。未来的企业会在营销方面进行大量的创新，因为昨天好用的方法明天也许就不再奏效了。从戴尔的网上直销、亚马逊的一键下单，再到查尔斯·施瓦布（Charles Schwab）的在线交易，这些基于互联网的销售模式在创造之初都曾带来巨大的竞争优势，现在虽然还在发挥效用，但劲头已不如从前。时下，利用本地意见领袖和时尚达人进行营销的方法虽然招致一些争议，但在促进人们接受新产品方面的效果还是可圈可点的。

我们再来重温一下特百惠公司的经典营销案例。伊尔·特百（Earl Tupper）在杜邦公用利用石油行业的副产品——聚乙烯残渣创造了以他的名字命名的特百惠。特百在生产和创新产品方面得心应手，但在销售方面却走得步履维艰。1947年，塑料制品行业声名狼藉，尽管特百惠的产品没有丝毫异味（后来还被陈列在当代艺术博物馆内），但销售还是比较惨淡。而且，空气密封技术虽然为特百惠赢得了专利，但却很难向消费者展示，所以就陷入了极大的困境。

一次偶然的机会，一位名叫布朗尼·怀斯的女人不小心把一件特百惠产品掉在了地上，惊奇地发现它居然没有渗漏。虽然怀斯当时是另一家公司的代理，但她立即下定决心要卖特百惠的产品。她的营销策略就是举办大大小小的家庭聚会，向尽可能多的感兴趣的人形象地展示新产品。接下来的故事就可以称为传奇了。很快，怀斯一周的销售额就达到了1 000多美元。特百很快抓住了这一机会，又招聘了几个像怀斯这样的展示员来向消费者面对面地销售产品，公司的销售额开始飙升。

今天，如何提高销售额，甚至制造轰动效应依然是各个公司面临的核心议题。很多思路和方法都已经使用了很久，并逐渐式微，所以一定要大胆创新，找到最佳的媒介来推销自己的产品。

视频模型法

总结过去几年的工作我们发现，模型法大多数时候是用于一些服务性的项目，而非直观的产品。在此过程中，视频短片是个特别好的工具，可以融入多种多样的元素。不久前，我们承接一个为SPA会馆做规划的项目。传统的做法是对该行业进行大量的调查研究，之后形成一本装帧精美的报告。

但我们却没有这样做。我们走进一些家庭，去了解大家关于美容产品和会馆的看法。又走访了很多家SPA会馆，采访了一些客人，还拜访了若干位行业专家。我们在康涅狄格州找到了一位会馆老板，他的店面就像高档的葡萄酒庄园。当地的女孩子都喜欢去他店里美甲，把这当成一项社交活动。在做了大量种工作之后，我们开始思索要建立什么样的新型会馆。

为了落实想法，我们写了一个剧本，还请了一位作家来帮忙润色。设计师用电脑绘图软件画了一个很前卫的图形作为视频拍摄的背景。故事很简单，就是对店主和客户进行采访。我们找了一些人来试镜，但表演的痕迹太重了，没有店主那种自然的感觉。最后我们发现想找的人远在天边，近在眼前，团队里的克雷格就正合适，声音、发型、气质、言谈举止，无一不恰到好处。

很多第一次看这段视频的人，还以为真的有这样的会馆呢。而事实上，这仅仅是我们在大量调查、采访之后做出的模型。这段视频让一切变得具体而生动。我们在大屏幕上为客户放映之后，还为他们刻录了光盘。

视频还有快速、经济的优点。我们也可以实实在在地建一个这样的会馆，但所需的时间和经济成本就要高得多了。相比之下，视频短片能够便捷、形象地展示出理想中会馆的样子。

我们的另一个客户是Vocera，它是一家位于硅谷的很有潜力的创业型企业，致力于提供覆盖校园的无线通信设备。我们为其拍摄的视频短片可谓一举三得：让新型的产品和服务概念具体化，赢得了一个产品设计大奖，并吸引到新的投资方。

任何公司都可以使用这种视频模型法。但要注意的是，这里的视频拍摄方法和上一章提到的人类学家的工作方法有所不同。实验师拍摄视频目的明确，是为了表达抽象的理念和想法；而人类学家在拍摄视频时并没有明确的目的，只是想要去发现一些有价值的信息。因此，实验师拍摄视频的时候通常会写一个剧本，让一切更有逻辑。由于大家注意力集中的时间有限，所以建议把视频长度控制在6分钟之内（如果3分钟能叙述完毕，那就更好了），这样一来，相对应的剧本就应该控制在1 000字以内。在剪辑的时候一定要大刀阔斧，保留能够表达核心观点的部分就可以了。没有必要把片子做得太过精美，保证风格、内容恰到好处即可。

说了这么多，如果您想做一个优秀的实验师，就快点把视频模型法加入工具箱吧，你会发现自己离创新又近了一步。

游戏时间

之前已经提到孩子能激发我们创新的灵感，我们也不断意识到这个群体的想法对于发展业务的重要意义。我们一直都在苦口婆心地劝告顾客要重视这一群体，最近《纽约时报》用“小大人”这个词专门描述年龄在8~12岁、具有一定购买能力的人群。这是一个与众不同的群体，他们的消费喜好有时与父辈相似，有时又截然不同。

只对他们做些肤浅的分析论述远远不够，我们的020团队经常邀请他们参加各种测试玩具和产品的实验，还到他们家里去实地观察。

让孩子自由自在地表达想法，我们在倾听的过程中就可以收获颇丰。许多书籍和电影就深谙此道，比如电影《查理和巧克力工厂》（*Charlie and the Chocolate Factory*）就充满了新奇和创新，堪称经典之作。

我们来讲一个关于丹尼斯克的案例，这家丹麦食品巨头号称世界上一半的冰激凌都使用了它生产的原料。丹尼斯克的传统做法是在开发出新产品后邀请孩子来试吃，但在2001年年末，它却反其道而行之——先把孩子请到公司位于哥本哈根的办公室，里面摆满了冰激凌和各种口味的原料，孩子可以自己选择、混搭。孩子们的很多想法都非常大胆，有的孩子提议制作奶牛形状的冰激凌，还有一个幼儿园的小朋友说：“为什么不把冰冻的果冻放在小棒棒上呢？”

丹尼斯克的工作人员发现了机遇，并立即着手生产。他们弃用传统的明胶，而是改用天然的豆制品和稳定剂做原料，先加热然后再迅速冷却，制作工艺十分精密。意大利的一家小型冰激凌生产商承担了制作模型的任务，还往里面添加了一些天然的调味品。

新的果冻冰棒不会轻易滴下来，这个特性成为这款产品的另一个卖点。该产品不仅很快获得了消费者的青睐，还获得了欧洲媒体的关注。

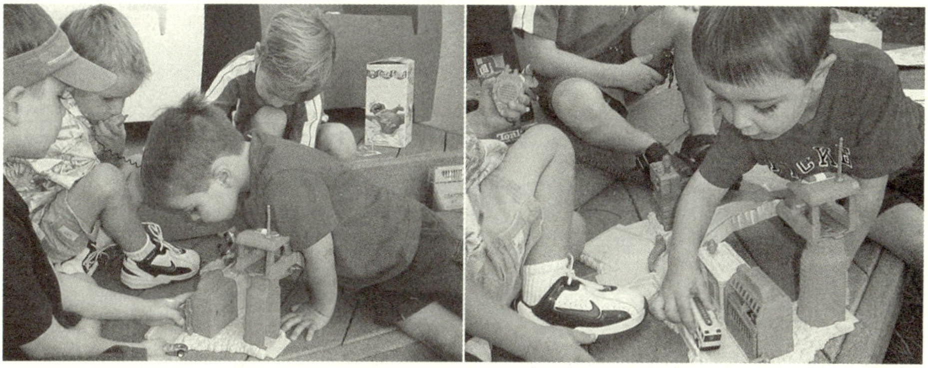

有时，孩子就是促使实验取得成功的催化剂

我特别喜欢这个故事。食品巨头能放下身段去倾听孩子的想法，还邀请意大利的合作方改良产品，进行二次创新，最后收获了意想不到的结果，而且整个过程充满了欢乐。

年轻人的魔力

成年人不屑一顾的东西，孩子却常常能从中淘出真金。

短信已经存在有十多年了，最初它只是技工维护系统时所使用的内部通信工具，运营商根本没有想过能把它当作一种服务项目来卖钱，因为短信既费解又烦琐。

之后黑客发现了短信，还自己编写缩略编码来发短信。紧接着，青少年发现了短信，他们不甘落后，也创造了一系列的短信专用缩略语。当时不仅成人们看不懂他们说的是什么，就连运营商都不知道要如何进行计费，因为这完全超出了他们的商业模式。

究竟谁能够为新产品或服务做出完美的模型呢？答案是黑客和年轻人。

世界主要的手机厂商都认为短信根本不会进入主流市场。但孩子们对短信的痴迷就像之前喜欢对讲机一样疯狂。短信很快就发展成势不可当的潮流，迅速捕获了各个年龄段的人群，在主流市场上分得一杯羹。

究竟谁能够为新产品或服务做出完美的模型呢？答案是黑客和年轻人。

移动运营商维京（Virgin Mobile）从这一案例中汲取了深刻的教训，已经把十几岁和二十几岁的年轻人纳入产品研发的常规程序。正如最近的《纽约时报》所报道的，年轻的消费者已经成为维京研发周期的一部分。在V7手机是白色好还是红色好的问题上，维京请年轻人发表看法，而讨论的最后结果是蓝色更佳，还要配上银色的装饰。维京听从了这一建议，在模型生产出来后又邀请年轻人试用。维京发现，孩子们更喜欢在博客上发照片，而对于公司大力研发的相册却不感兴趣，于是维京卸载了相册，安装了快速上传工具。

你可能从未想过自己的业务会和孩子有这么多的联系，而且有的时候他们还会让你不知所措。但是你一定要放下身段，学会去倾听他们的意见和想法，没准儿一项新的产品或服务会就此诞生。

生活就是一场实验

把人生当作一场实验，你就会开始构建起一个不断学习的框架。不断学习是创新文化的重要组成部分。实验师能够在风险可控的前提下进行尝试，从而给所在机构注入新的活力。纵观历史上的伟大创新，我们总会发现实验师的足迹。不可否认，苹果会砸在几个幸运儿的头顶，但对于绝大多数人来说，还是脚踏实地地去尝试、去试验更加靠谱儿。去探索、去发现，你会发现沿途的风景大不相同。

03 嫁接员

THE TEN FACES OF INNOVATION

Strategies for Heightening Creativity

要勇于放弃轻车熟路，去开辟新的道路，这样才能看到不一样的风景。

——亚历山大·格拉汉姆·贝尔（Alexander Graham Bell）

嫁接是一件神奇的事儿，嫁接员更是一群有魔力的人。

嫁接员能够将看似风马牛不相及的事物结合在一起，从而有所突破。他们经常从一个行业中获得灵感，之后将其应用于另一个毫不相关的领域。比如，嫁接员将钢琴键盘的原理应用于早期的打字机，逐渐演变成我们现在每天都在使用的电脑键盘。钢筋混凝土本是一位法国园艺工人发明的，主要用来加固花盆，而后被工程师引入了土木工程领域，落水山庄和悉尼歌剧院才成为可能。今天我们离不开的电梯最初的原型是科尼岛上的一个娱乐设施。大家都很熟悉的飞盘，最初就是烤馅饼用的平底锅，之后被常春藤联盟的学生扔来扔去，才成了一种游戏。

纵观历史，好奇心和开放的心态曾帮助人们开启了无数个机会之门。1915

平底锅经过嫁接，最终成了世界流行的娱乐项目

年，食品行业的创新先驱克拉伦斯 · 伯宰（Clarence Birdseye）去加拿大做皮货生意，发现当地的因纽特人将食物放在户外的雪里就可以保存很久，大受启发的他旋即推出了一系列快速冷冻食品，从而缔造了一个时至今日仍以他的名字命名的食品帝国。

怀特兄弟发明的第一架飞机不论是在材料还是结构原理方面，都从当时蓬勃发展的自行车行业借力不少。100 多年后的今天，航天业又反过来不断为自行车行业提供支持。一些宇航材料，如高性能钛和碳纤维都被用来制造高端自行车。在创新的历史上，最优秀、最伟大的嫁接员非达 · 芬奇莫属。他是画家、建筑师、工程师、数学家，还是哲学家，他将自己各方面的才能完美地结合在一起，创造了一个又一个让我们叹为观止的奇迹。

如果你足够细心，就能够很快发现活跃于当今商业领域的嫁接员。他们能将艰深晦涩的行业术语用通俗易懂的语言加以解释。他们能够行万里路，回来时不仅与人分享自己的所见，更重要的是分享自己的所学所感。他们能读万卷书，不断从书籍、报纸杂志和网络上获取各种前沿信息，保证自己与时俱进。这些人往往全面发展，兴趣广泛，这样才能够在不同的领域间来回穿梭、游刃有余。他们善于随时记录新知和自己的灵感，从而实现厚积薄发。

嫁接无疆界

我接触的许多公司都能够对创新和嫁接侃侃而谈、滔滔不绝，但是在实际操作中却往往不尽如人意。宝洁公司在总裁雷富礼（A. G. Lafley）走马上任后，似乎已经开始意识到嫁接的重要意义了，而且已经开始有所作为。宝洁不仅能够借鉴行业之外和公司之外的有益经验，还能够打破公司内部的人为界限，相互学习、不断创新。比如，宝洁将洗染业增白剂的原理应用于口腔护理领域，从而发明了佳洁士增白牙膏，现在每年的销售额都在两亿美元。宝洁将自己在水净化和洗涤剂方面的特长结合到一起，发明了新的“无残留”洗车系列产品朗白先生（Mr. Clean）。这样的例子还有很多。宝洁打破部门间的界限，通过嫁接实现异花授粉，从而创造了许多行业新宠。去你家附近的商店逛逛，里面肯定有这样的产品。不仅如此，最近几年宝洁的股价也翻了一番。

嫁接员总是能够从人们意想不到的领域获得启发，从而解决手头的问题。IDEO的彼得·科赫兰就十分擅长这样做。他经常带领团队去各个行业进行参观调研、实地观察。比如，有一位客户说自己所在的行业十分传统，因此并无可以创新的空间。于是彼得就带他去参观了一家殡葬公司。客户完全被自己所看到的场景惊呆了。这家公司通过幻灯片让死者亲属看到棺木的真实状况，还可以将骨灰打造成钻戒供亲属留存。就连殡葬行业都能创新到这种程度，我们的客户真的是大开眼界、茅塞顿开。还有一次，我们帮助一家医院做咨询规划，把医院的相关人员带到了新英格兰的一家小型快捷酒店。与行业惯例不同，这家酒店的清洁工两人一组开展工作，这样一来，他们不仅能够互相监督、查缺补漏，还能够随时交流，工作的乐趣增多了，效率也极大地提高了。这家医院深受启发，取消了清洁工单打独斗的工作模式，升级换代为二人小组。另一家医院从出租车行业的叫车服务找到了灵感，优化了医院内部使用轮椅和轮床运送病人的流程，使工作效率大为提高。

嫁接的种子

IDEO的发展史就是不断创新、不断嫁接的历史。二十几年前我刚刚加入公司的时候，办公室里堆满了机床、模型等各种实物。当时我根本没有料想到有朝一日我们的工作焦点会是一些无关产品的、“无形的”东西。比如，优化卡夫食品公司的供应链、提高恺撒集团轮班换岗的效率等。慢慢地，我们学会了将专注于实物创新的思维应用于服务、用户体验甚至企业文化创新。我们一直都十分重视嫁接员的角色，下面罗列了成功嫁接的 7 个秘诀。不论你所在的行业和公司如何，都可以放心去尝试一下。

1. 展示交流

只要IDEO人聚到一起，就肯定会有火花四溅的展示和交流。早些年，这样的活动通常在周一的晨会上举行。公司的所有人都坐在总裁戴维办公室的地板上，展开头脑风暴，产生了许多新鲜的想法。之后，公司规模逐渐扩大（我哥哥戴维的办公室却越来越小），这种面对面的交流展示做起来就有了难度，于是我们就采取群发邮件或者通过在线办公系统进行沟通的形式。IDEO的“技术盒”收纳了几百项新奇的技术，能够十分系统地将大家的想法和创意进行归纳和存储，以备随时开发利用。展示交流之所以能够催生好的创意，有时靠的是运气，所以并不一定要与手头的某个目项存在有必然的联系。任何领域的任何主题都可以拿来供大家探讨，这样才能为组织机构的发展注入持续的不竭动力。

2. 员工多样化

在招聘的问题上，我们从不喜欢招聘一些和公司已有员工相似的人。如果仅仅是招聘一些“像克里斯那样的工程师”，那么面试也就可以高度模式化、机械化了。我们更倾向于招聘一些与已有员工不同、背景独特的人，这样才能扩大我们的人才库，才能够增强公司的活力。

3. 创造综合空间

关于这一点，我们会在之后布景师一章中着重探讨。公司的环境对于公司的发展来说是很关键的一个因素。有的公司想强调紧密团结，所以就把相似的人都安排在同一层的同一区域办公，但是IDEO却相信混搭的魔力，因此我们创造了许多跨学科、跨部门的项目空间，让不同团队的人一起探讨问题。我们甚至还把楼梯加宽了许多，以便大家碰面时可以顺便多聊几句。

> 不论你来自何方，也无论你的爱国情绪有多么高昂，你都得承认，本国之外的大千世界有着更多更新奇的想法和创意。

4. 多文化、多地域

IDEO可以算得上的是一个文化的大熔炉，我们员工的背景十分多样。不论你来自何方，也不论你的爱国情绪有多么高昂，你都得承认，本国之外的大千世界有着更多更新奇的想法和创意。所以吸取他人之所长是很有意义的一件事。至于我们的员工来自多少个国家，我也给不出明确的数字。几年前，我们曾经在波士顿分公司做了一件很有意思的事儿——为每位员工升起自己国家的国旗。当时一共有18面国旗升起，而波士顿分公司总共才有40名员工。来自不同文化背景、不同地域的员工聚在一起，更能够实现思想文化的交锋和碰撞，从而推动嫁接和创新的产生。

5. 专家讲堂

几乎每个周三的晚上，我们都会邀请一位世界级的专家来讲课。这些人不仅想法新奇深刻，而且还能在我们的员工中间激起各种讨论。这样一来，我们就能够不断有新想法和新创意涌现了。

6. 从来宾身上学习

每年，我都要接待许多来访的客人，其中绝大多数都是我们潜在的客户，他们经常会用几个小时的时间向我们介绍一下自己的行业、公司和一些想法。多年以来，我参加此类会议的总数不少于一千场，从中获益匪浅。每接待一批客人，我都会觉得自己又与时代潮流近了一步。

7. 项目多元化

有句老话说，40年不改行就相当于把第一年的工作重复了40次。但是IDEO绝对不会这样，因为我们的公司文化是活到老、学到老。我们承接的项目十分多元，涵盖多个领域，这就让我们能够在不同的行业间进行嫁接，从而灌溉出创新之花。

其实，通过嫁接进行创新并不难，根本不涉及尖端科技。上面所列的7点实践起来也并不难。如果能够真正地践行，在细节中落实，那么收获肯定会是十分丰厚的。

嫁接创意

嫁接员不仅善于学习，而且也善于传授。前IDEO雇员海蒂 · 索维温（Haydi

Sowerwine）和丈夫戴维曾经在硅谷生活了许多年，积累了很多知识和创新的文化。现在，他们正在将所学到的东西应用于尼泊尔，在加德满都创建了生态系统公司（Ecosystems）。他们的公司已经在尼泊尔各地建了不少钢索吊桥（成本仅是悬浮桥的一小部分），这让几千个上学的孩子和需要出行的村民获益匪浅。夫妇二人因此获得了科技博物馆奖（Tech Museum Award）。目前，二人仍在创新的路上不断前行着。

嫁接员能够一直保持着孩童般观察事物的能力，能看到旁人看不到的东西，发现事物之间主要的不同点。但嫁接员同时又具有成人娴熟的技巧，能够对观察提炼出的东西加以鉴别，并应用于不同场合。他们思维高度缜密，能够迅速发现事物之间的联系。他们就像媒婆，总是能够创造出完美的组合。嫁接员看待问题的角度常与他人不同，处理问题时又能够不走寻常路，从而找出不一样的终南捷径。

> 我对一专多能型的人才做过许多研究，最终得出的结论是：永远不要对他们下定论，因为他们总是能带来意想不到的惊喜。

对于嫁接员来说，过去和未来都是创意的巨大源泉，能够帮助他们战胜目前的挑战。通过反思历史，他们能够找出以往超前的观念或者能够老树发新芽的想法；通过思索未来，他们又能够探寻出无限的商机和可能。

在IDEO，我们发现，那些最优秀的嫁接员往往都是一专多能型的人才。也就是说，他们的知识结构很完整，各个方面均有涉猎，同时又是某一领域的专家。如果你也想让自己的团队里多几个嫁接能手，那就努力地去挖掘几个这样的人才吧。

下面简要地介绍几个IDEO典型的一专多能型人才，以更好地帮助大家理解：

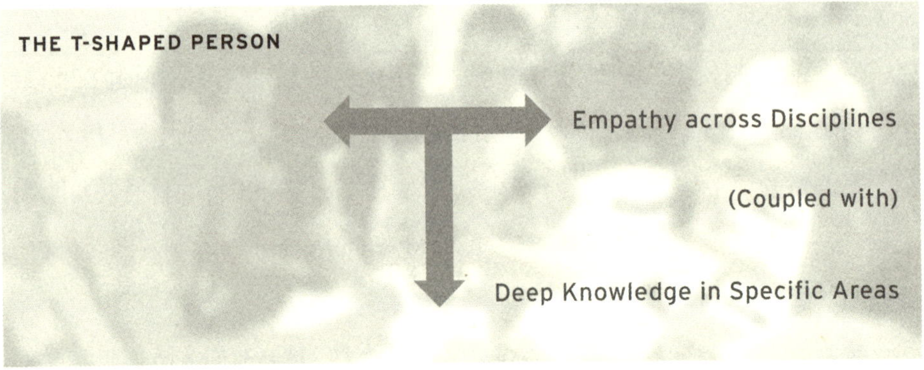

一专多能型人才通常对某一领域有十分深入的研究，同时又对其他许多领域有所了解

○ 克里斯蒂安·西姆萨里安（Kristian Simsarian）服务于IDEO旧金山分公司，本科学的是计算机科学，喜欢钻研机器人感知系统。他还曾赴爱丁堡大学著名的人工智能系学习，并且自己设计了独特的课程体系，涵盖了从民族学到工程学的多个学科。之后，他又去瑞典攻读博士学位，还为老师发明了一些讲课用的数字辅助工具。在斯德哥尔摩的一家工作室，克里斯蒂安组建了自己的即兴研发团队，并且把这种即兴研发的工作模式带到了IDEO。他在人机交互方面有很深的造诣，同时又深谙即兴研发创新之道，自己就可与一个多学科的团队相媲美。

○ 萨宾·威格勒（Sabine Voegler）的父亲是德国人，母亲是巴西人，自己曾在加利福尼亚生活过很长时间，她能将多文化的背景很好地结合在一起。之前她在三个大洲都待过，现在服务于IDEO慕尼黑分公司，在改善用户体验方面为公司贡献了不小的力量。

○ 欧文·罗杰斯（Owen Rogers）是我们用户体验设计部门一位十分优秀的嫁接员，他对自己的描述是“做过技工，做过石匠，还录过唱片，凭着三寸不烂之舌说进了伦敦著名的皇家艺术学院”。在管理大型创新项目和品牌项目方面，欧文的经验十分丰富。同时，他对汽车修理的兴趣仍然不减当年，所以最近主动请缨去跟进一个高端汽车工具的项目。

○ 卡拉·约翰逊（Kara Johnson）也是一个典型的一专多能型人才。她可谓材料科学方面的专家权威，获得了斯坦福大学的硕士学位，又在剑桥大学获得了博士学位，还出过书。与此同时，卡拉的兴趣爱好十分广泛，她曾在密歇根久负盛名的克兰布鲁克艺术学院学习雕塑和陶艺。到IDEO的第一年，卡拉就参与了50多个项目，给我们带来了许多前所未闻的新材料方面的知识，还在公司掀起了一股潮流，让许多人都对新材料产生了兴趣。

嫁接员不一定都要像达·芬奇那样样样精通，但是优秀的嫁接员却能够通过引入新鲜元素让整个组织机构为之一新。嫁接员也不一定非得是聪明绝顶的发明家，但是他们一些小的想法和观念就能够带来很大的不同。

绝境逢生

穆罕默德·巴哈·阿巴是尼日利亚北部贫困地区的一位老师，他一直想找到一种方法能够让食物在非洲炎热的气候条件下多保存一段时间。但是，对于当地居民来说，冰箱是不切实际的奢望，于是他就进行了大胆的创新和嫁接。穆罕默德出生于陶艺世家，他把一个小号的黏土罐套在一个大号黏土罐里面，用潮湿的沙子填满两个土罐之间的空隙，沙中的水蒸发时就会降低周围的温度，这样一来，小土罐里面的蔬菜也就会随之降温，从而得以保存更长的时间。穆罕默德花了两年的时间不断完善自己的泥土“冰箱”，他又给罐子加了一块潮布，从而将保鲜时间又延长了一些。他的“冰箱”不需要任何能量就能运转，只要不断往沙子里加水就可以了。

之前，茄子放不了几天就坏掉了，而现在，保存时间延长了整整4倍。过去菠菜放一天就烂，现在放一周也没事儿。穆罕默德还请了一些失业的陶瓷匠人来生产他的泥土“冰箱”，每件的成本仅仅在30美分左右。正是这样一个小小的创新，改善了成千上万尼日利亚村民的日常生活。

从中我们可以获得些许启发。有时，艰苦的条件和稀缺的资源恰恰能够激发人们大胆创新，从而柳暗花明、绝处逢生。正如硅谷的好多巨头一穷二白时在车库里白手起家一样，逆境反而能够产生巨大的推动力。

艾米·史密斯是麻省理工学院的一名讲师，她通过自己的项目也向我们展示了，拥有创新精神的人在物质条件极其匮乏的情况下依然能够大有作为。她安排自己的学生用一周的时间赴剑桥大学体验生活，每天的生活费仅为两美元。要对抗饥饿、填饱肚子，这群学生很快就想出了各种生存的办法。艾米的这一项目催生了一系列的创意，比如移除津巴布韦地雷的小装置、从甘蔗残渣中提取的廉价碳燃料等。

艾米的项目让我不禁反思，在当今的商业世界中，我们拥有的资源太丰富了，这样是不是反而让我们错失许多机会呢？要创造出新的东西，我们必须要移除现在拥有的一些资源。比如，著名的音乐电视网MTV就曾尝试让自己最忠诚的受众一个月收看不到MTV的节目，想看看他们能否另辟蹊径。每个人都可以试一试。比如说，利用一天的时间，不使用任何技术，看看是否会有新的发现。优秀的嫁接员总是会在条件艰苦时有惊人的表现。所以，当你觉得自己思路不畅的时候，也这样试试吧，一定会有新的发现。

熟能生巧

语言学家深谙这样一个道理——掌握的语言越多，学习下一门语言的能力就越强。嫁接员也明白这一道理，实践得越多，创新的门槛就越低。因此一定要尝试各种不同的、有趣的项目，开阔眼界和思维，这样才会让创新的花朵开得更鲜艳。

不久前，IDEO承接了一个项目，帮助一所著名的大学重新设计机房。传统的做法当然是去各个大学的机房转一转，以便寻找灵感。但是我们没有这样做，而是去了皮克斯动画工作室。除了同样有许多电脑之外，工作室与大学机房没有任何相似之处。这里强调的是技术和人力资源的整合，机器和人都以一团队为单位开展工作，甚至这里的小零食都让人觉得很惬意。这种良好的氛围是值得所有大学和公司学习和借鉴的。

嫁接是可以双向进行的。既然大学可以借鉴皮克斯，那么皮克斯也完全可以从大学处获得灵感和启发。对于嫁接员来说，开放的思维是很重要的一点。你接受新鲜事物的能力越强，创新成功的概率就越大。

福斯贝里式跳高

嫁接员有时在处理难题时会采取背面出击的方法。著名心理学家爱德华·德·波诺（Edward de Bono）称这种思考问题的方式为“侧面思维”。其实不仅是侧面，有时还需要从背面出击，出其不意，从而使难题迎刃而解。

这种方法最形象的例子莫过于背越式跳高了，也有人称其为福斯贝里式跳高。20世纪60年代的时候，迪克·福斯贝里（Dick Fosburg）还是俄勒冈州默默无闻的高中田径运动员，采用的是传统的剪刀式跳高方法，但是成绩一直平淡无奇。之后，在教练的建议下，福斯贝里又采用了当时比较流行的横跨式方法，可是成绩依旧不理想。在他16岁那年的一次比赛中，他先是按照传统剪刀式的步调起跳，却紧接着让背部先越过栏杆。意想不到的事情发生了，他居然跳出了个人的最高水平。

1965年夏天，福斯贝里毕业时，他已经把自己的背越式跳高法运用得炉火纯青，每一个环节都做得很到位。同年，他在一次全国性的比赛中赢得了青年组的冠军。在大学里，教练曾试图让他做回传统的标准动作，但是高度却远不理想。于是，他的教练决定因材施教，让他顺着自己的方向去发展。

福斯贝里发明了一种全新的、激进的跳高方法，并且跳到了奥运会金牌的领奖台上

福斯贝里就这样保持了自己的背越式跳法，一路跳到了奥运会的赛场。1968年的墨西哥奥运会上，观众席上8万名观众都对他独特的跳法感到惊奇。我还记得当时和父亲坐在电视机旁观看比赛，父亲说："你注意到了吗？这种跳法太诡异了。"就像大多数新奇的发明和突破一样，福斯贝里的跳法乍看上去确实很奇怪。

> 就像大多数新奇的发明和突破一样，福斯贝里的跳法乍看上去确实很奇怪。

当时有专家称，这种跳法会伤到脖子，但福斯贝里不但毫发无损地完成了比赛，还打破了世界纪录，并将金牌捧回了家。又过了10年，福斯贝里跳法在奥运会跳高运动员中得到了广泛的认可和采用，时至今日，依然是田径赛场上效果最好的跳高方法。而专家也开始撰文著书，夸赞这种跳法的种种优势。

今天回过头来再看，传统跳法虽有缺陷，但却没人会质疑和挑战，直到福斯贝里发明了一种全新的跳法。但是福斯贝里跳法的成功和普及也不是一蹴而就的事，也经历了一个相当长的过程。在此过程中，他不断尝试、不断试验、不断改进，甚至不确定这种跳法会将自己的事业引向何方。就像商界许多发明创新一样，刚开始福斯贝里也听到了很多负面的意见。幸运的是，他并未因此放弃。

这是送给嫁接员最好的故事。当有人再想给你另辟的蹊径泼冷水时，就给他讲讲这个故事。

嫁接员总是能保持开放的心态，他们知道通往创新和成功的路不止一条。

人是关键

嫁接最关键的因素在于人，也就是充满好奇心、善于应对挑战的嫁接员。有些人看过IDEO一些优秀嫁接员的简历后，会产生不同的感觉。当然了，我们也会招聘许多刚刚走出校门，好奇心和求知欲都还很强烈的大学生。但是最近，我们发现有一些曾经在IDEO工作过、离开后又回来的人，往往能给我们带来不一样的惊喜。

鲍勃 · 亚当斯（Bob Adams）毕业于哈佛大学产品设计专业，他就是这样一匹吃回头草的好马。大约10年前，鲍勃曾在惠普印度分公司工作过两年，之后加入了刚刚起步的IDEO。几年后，他辞职去做了爵士贝斯手，从事音乐工作时还结识了不少名人。与此同时，他还在硅谷的一家智库做些兼职，甚至开发了自己的电子乐器，还在斯坦福大学和伦敦皇家艺术学院讲过课。神奇的是，鲍勃居然挤出时间用来学习，获得了加州大学戴维斯分校葡萄栽培专业的硕士学位，并在萨克拉门托买了一个小农场。他称自己为“周末农民”，他会开着拖拉机和其他重型机械去耕种、收割。农场里种满了小麦、西红柿、橄榄和桃子。他培育的仙粉黛葡萄在当地还小有名气，很受追捧。坐在餐桌旁，看着满满一桌食物全部出自自己之手，鲍勃会觉得特别快乐。

大约一年前，鲍勃回到了IDEO，并且带来了审视项目的全新视角。出于对可持续发展的浓厚兴趣，他参与了许多相关的项目。他拥有有机食物方面的第一手经验，这是任何人都不具备的优势。这些大大增加了他做项目时取得成功的筹码。

任何一家公司都可以引入优秀的嫁接员来充实自己的文化，引入新的视角。也许你会发现他们的背景很独特，但越是这样，越能够为你带来意想不到的收获。

善于转化

总是听到有人抱怨自己的行业已经没有任何创新的空间了，我会建议他们随便搭上一班飞机，睁大眼睛去看看世界。旅行是提高自身嫁接能力最有效的方式。有时，通往创新最便捷的路径就是四处看看，之后将所得所学为我所用。

在东京，我最喜欢的购物去处就是无印良品，直译就是“没有牌子的好东西”。无印良品具有许多大和民族的典型特点，但我后来才发现，其实它的灵感来源于美国。20 世纪 70 年代，日本著名的西友百货公司想打造一个全新的自有品牌，于是派了一支设计团队赴美考察。团队成员小池一子（后来成了著名的艺术家和作家）去一家超市买东西。她有个朋友专门收集各种啤酒罐，所以她想给朋友带一些回去。小池一子发现，很多原装的自酿啤酒，没有牌子、包装简洁，仅有一些黑白两色的标识，但却很受欢迎。

小池一子很喜欢简单的设计，就把这种理念带回日本进行尝试、转化。在此基础上，西友百货开发了一系列全新的服装和家居产品，使用最简单的原材料，包装也都采用原色纸张，仅有黑色、白色、棕色、灰色。无印良品一炮走红，发展至今，已在世界很多地区开了分店，每年的销售额接近 10 亿美元。

> 小池一子在美国产生了一个很简单的想法，之后这一想法在日本生根发芽，成就了一个大品牌。你是否也能找到有待发掘的机遇呢？

这就是嫁接的精华所在。只要你经常出去转转，并且富有想象力，创新的灵感就会源源不断地涌来。无印良品能把在美国产生的一个简单的想法转化为一个大品牌，那么大千世界中肯定有能供你开发转化的东西。

印度的阿拉汶眼科医院（Aravind Eye Hospital）每年要做 100 多万台白内障手术，每台手术成本仅在 10 美元左右，我相信美国的医疗行业和医保产业一定能够从中有所借鉴。巴西的巴西莓、日本的青豆都是极富特色的民族食品，这些产品稍加开发之后是否也能在其他地区成功推广呢？异国文化总是能够令人感到新奇和惊喜，其中也蕴藏着巨大的创新机遇。所以，在情况允许的条件下，一定要多旅行，在此过程中，一定会有不一样的发现。

无印良品的产品设计都很简洁，这样一来，就强化了其品牌特色

向年轻人学习

“长江后浪推前浪”，这话一点儿都不假。只要商业社会存在各种手艺和技能，就需要有师傅传道授业，把行业的精华传递下去。但是师傅会不断变老，难免与时代脱节，这时，师傅就需要拜自己的徒弟为师，学习最新潮的东西，这样才能跟得上潮流。

我认识的那些聪明人有一个共同的特点，那就是他们都有一种智慧的态度：步入正轨时能够信心满满、心无旁骛地前行；迷茫犹豫时能够虚心寻求外部的帮助和指导。通过多年的实践我们发现，一定要思维开阔、善于接受新方法。而从年轻人身上学习，则是一条不错的发现新想法、新方法的途径。而且若想跟得上世界的潮流，就一定要经常听听年轻人怎么说，问问他们都想些什么。

其实，在过去的几年里，IDEO的克里斯·弗林克（Chris Flink）一直是我的导师。当我感觉要被时尚和潮流淘汰时，肯定会在第一时间去找他。比如，几年前我发现周围的年轻人都不戴手表了，就问克里斯为什么。克里斯说现在手机很方便，人们根本不需要戴手表，而且在实行夏令时或者穿越不同时区时，手机还可以自动调节时间。原来周围的世界发生了如此大的变化，我居然一点儿都没注意到。之后我就开始思索，如果我是手表生产商天美时，我该如何应对这一市场变化呢？

虽然有些公司50多岁的高管已经意识到要从20多岁的年轻人那里吸取有益信息，但这种做法还远未得到应有的重视和普及。哥哥戴维几十年前就认识到了这么做所能得到的巨大价值。当时，他是斯坦福大学产品设计专业的教授，为教学付出了很多心血，同时这也是一个教学相长的过程，他能够不断地从年轻的学生那里获得各种新鲜的想法和不竭的激情。这样一来，相较于行业内仅仅关注眼前的人，戴维的思路和想法都要宽广得多。

在20世纪90年代纳普斯特①流行之前，哥哥戴维就对从互联网上下载音乐的各种方法很熟悉了。在电脑视频剪辑技术普及之前，他就已经在课堂上使用这种技术了。像博客、短信等就更不用提了。戴维总是能走在潮流的前沿，而且关注的主题不限于文化、娱乐，范围十分广泛。戴维对我说，看到自己学生的思维发生了改变，他感到很骄傲。学生之前会想“我如何才能通过开发新产品致富”，而现在他们会想“我怎样能让我的新产品推动人们想法的变革”。

其实你也可以从中获益。一定要善于与人交流，特别是与那些年轻、充满激情与活力的人交流，这样才能够不断地充实自己。

戴维称这种方法为逆向学习。

---

① 纳普斯特（Napster），一种计算机程序，允许用户通过互联网共享歌曲。——译者注

予人玫瑰，手留余香

给予是嫁接创新的一种最极端但很有效的形式。当然，我们做生意的目的是赚钱，但是慷慨的给予往往会产生意想不到的效果，而且善有善报这样的事确实存在。就在我写作此书此时，耐克、盖普（GAP）、探索频道（Discovery Channel）节目专卖店等一些主要的零售商，都在积极组织消费者做慈善公益事业，比如，耐克通过倡导消费者花一美元购买黄色手链的方式，帮助兰斯·阿姆斯特朗（Lance Armstrong）筹得3 300万美元的癌症科研资金；亚马逊通过简单的点击捐款方式为亚洲海啸筹得1 500万美元的善款。

给予不但能够带来很神奇的善缘，还能带来意想不到的好处。优秀的嫁接员能够深谙其中的真谛。

沃尔沃的尼尔斯·博林发明了三点式安全带，之后他和全世界分享了这一伟大的发明

也许你从未听说过尼尔斯·博林（Nils Bohlin），但是沃尔沃的成功却和这个人有着密不可分的关系。20世纪50年代，博林在瑞典的一家飞机制造公司任职，专攻弹射座椅。1958年，他成了沃尔沃的第一位安全工程师。当时，系在大腿上的两点式安全带已经是最前沿的汽车安全措施了，甚至美国的许多汽车根本就没有安全带。于是，博林利用自己之前在弹射座椅领域积累的经验，试图提高汽车的安全性能。于是，他研究出了系在肩膀

上的三点式安全带。截至目前，这种安全带依然是汽车行业最基本的安全措施。

1963年，沃尔沃生产的所有汽车都配备了这种安全带。但是在我看来，这并不是故事最精彩的地方。它最精彩的地方在于，为了鼓励其他汽车生产厂商使用这种技术，从而挽救更多人的生命，沃尔沃放弃申请专利。50多年过去了，沃尔沃“为了生命”的信念一直延续至今。

其实，我们的内心都有善良的一面，我们都可以这样做的。

大自然是最好的老师

嫁接员明白，在创新的过程中，灵感和运气等偶然因素也会起到很大的作用，所以他们会积极主动地与更多的人、更多的思想接触。嫁接员其实和大黄蜂有点类似。在旁人看来，虽然大黄蜂的身形巨大，但翅膀却又小又脆弱，怎么能飞得起来呢？但大黄蜂却不这么想，每天都飞得很好、很高。也许，许多难以理解的事情都是这样，关键问题是要处理好整体与部分的关系。嫁接员就是这样一个独特的部分，能够在整个机构中传播创新的种子，从而推动整体向前发展。

读者可能已经注意到了，嫁接员在某种意义上综合了人类学家、实验师等角色的特点，因此是个很独特的角色。每家公司都需要有嫁接员——一群兴趣广泛、富有好奇心、求知欲强烈的人。你既可以把自己培养成一个这样的人，也可以鼓励他人成为这样的人。不论怎样，都会让你的公司受益匪浅。

04 跨栏高手

THE TEN FACES
OF INNOVATION
Strategies for Heightening Creativity

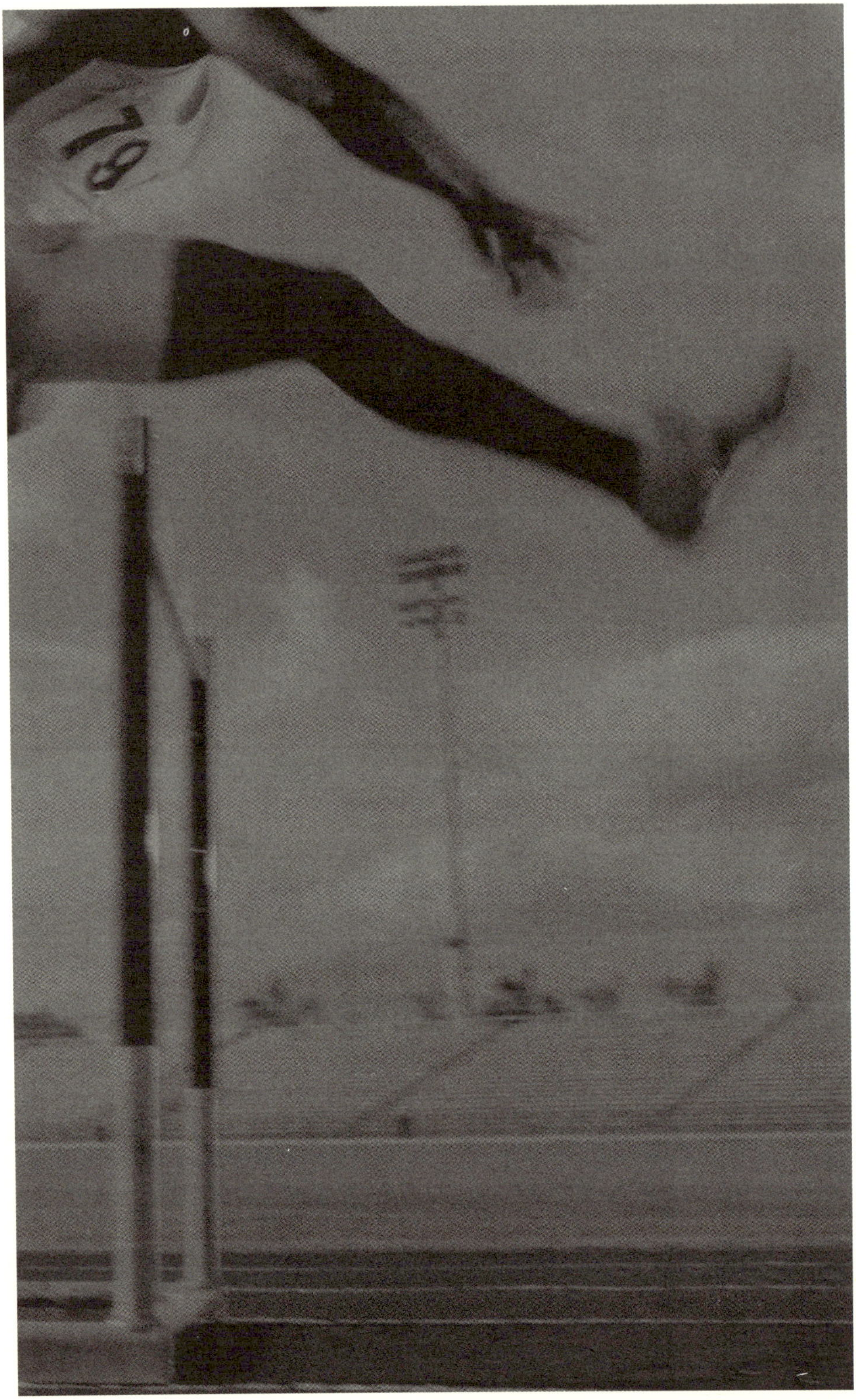
78

我们选择登月，做其他事，不是因为这些事情简单，而是因为完成它们会很艰难，因为它们能够最大限度地激发我们的能量和潜力，因为我们愿意接受这样的挑战，并且势在必得。

——约翰·肯尼迪（John F. Kennedy），1961年5月25日

跨栏高手有既灵巧又勇健的魄力，能够跨越障碍、实现突破。1927年，林德伯格（Lindbergh）驾驶一架简易飞机从纽约飞往巴黎，成为历史上完成单人不着陆飞行横跨大西洋的第一人，并因此获得2.5万美元的奖金。77年后，伯特·鲁坦（Burt Rutan）率领团队制造出人类历史上第一艘由民间制造的载人航天器——太空船一号，圆满完成了太空飞行，鲁坦因此获得1 000万美元的奖励。

跨栏高手明白，有时不一定非要迎难而上，撞得腿绊身歪，而转变思维、腾跃前进倒可以跨过障碍。19世纪30年代早期，铁路专家曾断言火车无法载着货物爬上山坡，但随后就有人发明了盘山铁轨，问题迎刃而解。这个例子可以形象地阐释跨栏高手所做的事：当前路太过陡峭时，可以换一个角度，换一种思路。

芸芸众生中，跨栏高手总是能够脱颖而出，因为他们总是在不停地解决各种难题，而且不知疲倦，乐在其中。他们不惧风险，深谙人情世故，能够打破常规，不受体制束缚，危急时刻又能保持冷静，力挽狂澜。

临危不惧

IDEO的020团队总是能够吸引很多跨栏高手，也可能是人们来到这里后才被培养成跨栏高手。他们构思、设计了许多有趣的玩具，广受客户好评和市场欢迎。这是一个高速运转的团队，他们每年会提出几百个玩具创意，每天都在进行各式的头脑风暴，每时每刻都在为新的想法画图、做模型。他们不断超越各种极限，因此有时难免也会陷入千钧一发的境遇，但却从不轻言放弃。

如何应对灾难在很大程度上决定着日后的成功概率。跨栏高手和优秀的运动员一样，竞争越激烈越有斗志，挑战越艰难越有劲头。杰夫 · 格兰特（Jeff Grant）是020团队的一名核心成员，他的故事就堪称跨栏高手的经典案例。几年前他去纽约开会，第二天早上要给一家知名玩具厂商做重要的陈述展示。和同伴坐下来吃晚饭的时候，他偶然打开笔记本电脑想看一眼，却发现操作系统瘫痪了。他们没有备份，而且也无法获得锁在瘫痪的笔记本电脑里的机密信息。

大家都惊呆了，但时间不允许他们不知所措。已经是深夜11点了，谁都没有把握能够在第二天晨会前重装好系统。这该如何是好？杰夫朝窗外望了一眼，发现街上有一家电脑专卖店，他马上冲了进去。可是，专卖店已经关门了。店长隔着防盗门建议杰夫去博德斯书店（Borders）碰碰运气。博德斯书店还在营业，可是Windows操作系统刚好售罄。走廊里的一个彪形大汉恰巧听到了他们的对话，他对杰夫说自己家里恰好有一套Windows操作系统。在纽约这种鱼龙混杂的城市，杰夫毫不犹豫就去了他家，花了4个小时将系统安装好。早上7点，酒店电脑服务部的工作人员上班了，杰夫又赶回去请他们帮忙下载剩余的文件。7 点半，已经到了最后的时刻，文件终于起死回生了。杰夫立即冲进一辆出租车赶往会场。8 点整，杰夫和他的团队按时做了陈述展示，并把一个玩具创意成功推销给彩星玩具公司（Playmate）。之后，忙了一夜的团队成员欣慰地在宾馆倒头大睡。

杰夫的故事讲完了，不知读者能否从中得到一些启发。有了这样的跨栏高手，您的团队会在压力面前更从容，更有信心获得成功。

山重水复还有路

跨栏高手喜欢把柠檬榨成鲜美的果汁。即使在时间紧张、预算窘迫的条件下，他们也能够带来惊喜。几年前，布兰登 · 博伊尔打算带整个团队去参加一年一度的行业盛会——玩具交易博览会，但经费却十分有限。他带领大家放弃了商务舱，改坐经济舱往返，并且向纽约的同事保罗 · 班尼特（Paul Dennett）借了一间离会场几个街区远的公寓，还和大家一起在公寓里做饭以节约成本。

地板上铺着睡袋，大家睡在睡袋里，自己做可口的食物，晚上席地而坐、尽情讨论。这次出行听起好像夏令营，但却极大地激发了大家的创造性和凝聚力。受邀前来用餐的客户也对这种方式赞不绝口。跨栏高手就是这样把窘迫的预算从障碍变成了机遇。

相信您也具有这样的潜力。

绿色创新

跨栏高手的强大驱动力我们已经有所体会了，他们往往在重大创新中发挥着关键的作用，还能变挑战为机遇。

免洗沙拉发展到今天已经成了健康快餐的代名词，而它的出现也是一个充满创新意味的故事。1983 年，迈拉 · 古德曼（Myra Goodman）从加州大学伯克利分校毕业，之后便和丈夫一起来到蒙特雷附近卡梅尔谷的一个农场种植生菜。他们最主要的客户是在当地比较受欢迎的里约烧烤店（Rio Grill）。

古德曼夫妇将自己 2.5 英亩的土地命名为乡土农园（Earthbound Farm）。二人每天在此辛勤劳作，晚上经常累得连沙拉都不想做。这听着很熟悉吧，今天的我们其实也面临着同样的问题。但是二人很快就想到了解决的办法：周末的时候择好生菜，洗完晾干后放进密封塑料袋，每天晚饭就可以拿出一包直接吃了。他们惊奇地发现，密封好的有机生菜居然可以保存很长时间。一天，二人互相打趣道；“如果住在曼哈顿的人也能吃上一包我们的绿色沙拉，他们肯定美死了！”

紧接着，厄运降临了。里约烧烤店新上任的经理决定不再购买古德曼的生菜。古德曼夫妇瞬间就失去了唯一的客户，满田的蔬菜卖不出去了。但是他们没有一蹶不振，而是开始尝试新的途径，他们决定把自己种的蔬菜推向忙碌的纽约。二人把洗好的生菜装在袋子里，迈拉还在袋子上面贴上了别致的标签，然后连夜运往曼哈顿。几个月之后，销路就打开了。今天，免洗沙拉已经发展为价值 15 亿美元的产业，而古德曼夫妇是这一市场的拓荒人。2003 年，乡土农园成为北美地区最大的有机农产品生产商，也是最被消费者认可的品牌。今天，美国副食店卖出的 10 袋免洗沙拉中就有 7 袋来自乡土农园。虽然一直被模仿，而且也有若干有力的竞争对手，但乡土农园的年销售额一直保持在 2.5 亿美元以上，而且生产线涵盖了 100 多种有机沙拉、水果和蔬菜，种植面积也由最初的 2.5 英亩扩大到 24 500 英亩。虽然失去了里约烧烤店这个大客户，但古德曼夫妇应对危机的表现和结果还都不错吧！

给食品企业的建议是：只要你的产品新鲜、美味又健康，消费者肯定会蜂拥而至。而那些在价格固定、利润率低的成熟市场苦苦挣扎的公司更应该从这一案例中吸取经验。一对普通的美国夫妇能够将普通的生菜变成不普通的高附加值产品，帮助消费者控制体重，从而使免洗沙拉风行开来，你的公司内部肯定也蕴藏着巨大的机遇。选择一种快捷、经济，并且对于消费者很重要的产品或服务作为突破口，就一定会有所收获。即使原来的商业模式遭到质疑，也不要悲观绝望，也许仅差一个创新，你就可以踏入一个全新的行业。

化困难为机遇

20 世纪 90 年代初，大多数公司高管都在抱怨经济不景气，但英国优秀企业家理查德 · 布兰森（Richard Branson）却找到了占领行业先机的突破口。他计划在维珍航空（Virgin Airlines）的头等舱座椅背部装载娱乐视频系统，以强化自己在行业中一贯的创新形象。布兰森曾在《失去童贞》（*Losing My Virginity*）一书中写道，时事维艰，没有任何一家银行愿意给他融资，头等舱升级计划所需的 1 000 万美元也就无从谈起。其他人如果遇到这种情况，可能会认为困难是大环境造成的，自己也无能为力。但布兰森却没有轻易放弃。他打电话给时任波音公司总裁的菲尔 · 康迪特（Phil Condit）说："如果从你那里购买 10 架新飞机，能给座椅背部装上视频系统吗？"由于经济不景气，当时几乎一份飞机订单都没有，所以波音公司毫不犹豫地答应了。紧接着，布兰森又给空客公司（Airbus）打电话，并提了同样的条件。在连 1 000 万美元的债务融资都搞不定的情况下，布兰森却能拿到 40 亿美元的飞机贷款。这样一

> 在连 1 000 万美元债务融资都搞不定的情况下，布兰森却能拿到 40 亿美元的飞机贷款。这样一来，整个视频系统没花一分钱。

来，整个视频系统没花一分钱。布兰森还说这是他职业生涯中遇到过的最划算的交易。不仅融资难题迎刃而解，还争取到了巨大的竞争优势，可谓一举两得。

维珍航空免费得到了安装在座椅背部的视频系统，这一切都要归功于跨栏高手不屈的精神和不懈的努力

雷克萨斯（Lexus）在早期也曾经有过化危机为机遇的成功案例。当时丰田公司刚刚把雷克萨斯品牌引入美国市场，却因为质量问题陷入召回危机。从以往的经验来看，新生品牌在初期所犯的错误会带来永久性的致命打击。好多人建议丰田赶紧封锁消息，息事宁人。相反，丰田却主动联系每位车主，告知可能存在的质量问题，还为每位车主提供上门检修服务，检修完成后再将车子彻底清洗一遍，让车子看上去光彩照人。这一系列的做法都是汽车行业史上的首创，丰田迅

速扭转了局势，还为雷克萨斯赢得了车主赞不绝口的肯定，这为其今后发展成为消费者满意度首屈一指的豪车品牌奠定了基础。回顾这段历史，为打造良好声誉而做的这些投资真是太有意义了。

战胜繁文缛节

社会上普遍存在这样一种想法，就是成长型的公司往往更包容、更开放，能够给员工提供更宽松的创造空间。在和皮克斯、维珍、塔吉特等公司交流的过程中，我发现大家都认为创新型公司生来就充满创新精神，而我却发现，那些高度成熟的大公司其实对创新也有很高的包容度，在创新的过程中会给员工提供若干协助和支持。但是，拥有良好初衷的管理层有时会无意中成为创新的障碍，而这种障碍是我们必须要逾越的。

3M公司成功发明了便利贴和许多其他的小物件。3M公司的成功取决于那些坚持不懈、不断求索的优秀员工。可能大家都听说过发明便利贴的故事，但是对不透光胶带和透明胶带问世的前因后果却不是很清楚。而这个故事能够清晰地阐明一个道理——要创新，就必须大胆打破组织机构内部的繁文缛节。

障碍1：做好本职工作就行了

1921年，理查德·德鲁（Richard Drew）大学肄业，他白天学习工程学的函授课程，晚上在乐队弹五弦琴。一次偶然的机会，他在3M公司谋到了一份初级技工的工作，职责之一就是把公司生产的砂纸样品送到附近的一家汽车修理厂。一天，他在修理厂看见一位十分懊恼的喷漆工，原来这个喷漆工承接了一个把汽车喷成两种颜色的活儿，但是却弄砸了。

换作别人看到这种场景，肯定是一笑了之，根本不会往心里去。但德鲁却耐心地倾听了喷漆工的烦恼。20世纪20年代，将汽车喷成两种色调很流行，但是这一过程并不容易，通常需要用到报纸、胶水和厚纸，但却唯独没有可以防止串色的胶带可用。德鲁对喷漆工说，他一定会发明一种合适的胶带。但在当时，3M公司还仅仅是一个处于市场中下游的砂纸生产商，根本没有生产胶带的经验，而且德鲁也只是一个最底层的技工。但是德鲁发现，3M公司其实已经有了很好的基础：在生产砂纸时去掉粗糙的磨砂，就能够大大增强纸的黏合性。

障碍2：公司内部的繁文缛节

有了这样的想法后，德鲁开始用植物油、树脂、树胶、亚麻籽和甘油做实验，不断尝试制作出一种高性能的黏合剂。领导发现德鲁不务正业之后，严肃地批评了他，并责令其做好本职工作——生产砂纸。德鲁服从了领导的安排，但是一天之后，他又投入到了自己伟大的事业当中。几周之后，领导发现了德鲁的小伎俩，但却没有再说什么。又过了一段时间，德鲁想申请公司资金支持，购买一台造纸机来生产胶带。领导考虑了之后，拒绝了。身为普通员工，德鲁的权限仅容许他批准100美元之内的订单。于是，他硬是用一沓99美元的订单买回了造纸机。终于，1925年，理查德·德鲁成功生产出了世界上第一卷不透光胶带，而胶带的第一批买家也正是底特律的汽车厂商。德鲁的不务正业非但没让他丢掉工作，还成了3M公司史册上浓墨重彩的一笔。

障碍3：预见失败

几年之后，一家生产绝缘材料的公司委托3M公司研发一种用于有轨电车冷冻车厢的防水密封材料。此时，杜邦恰巧发明了玻璃纸。德鲁就想，能否将黏合剂附在玻璃纸上，从而生产出想要的材料。德鲁不断试验，不断失败，再不断试验。其间，那家生产绝缘材料的公司甚至对防水胶带失去了兴趣，但是德鲁固执地坚持着自己的梦想。

终于，德鲁的透明胶带于1930年问世了，可是当年的销售额却仅有33美元。3M公司预测，透明胶带的主要用途是密封各种货箱，但当时另一家公司却发明了热封技术，并且在经济大萧条的背景下根本不适于推广新产品。可是，透明胶带却意外地赢得了万千美国家庭的欢迎，农民用它粘裂缝的火鸡蛋，孩子用它粘摔坏的玩具，学生用它粘撕破的书页。尽管有来自热封技术的有力竞争，但透明胶带还是赢得了许多食品包装商的青睐。到了“二战”期间，透明胶带的销售额一路飙升，缺货的情况十分普遍。

如果没有德鲁一开始的离经叛道、不务正业，这一切都不可能发生。他对新产品有着与生俱来的浓厚兴趣，并且勇于和公司内保守、僵化的阻力做斗争。他是一位真正意义上的跨栏高手，而且还取得了不止一项创新成就。他善于观察消费者的需求，并能够坚持自己的想法，无论高层支持与否，也无论市场是否明朗。

理查德·德鲁成了3M公司历史上的传奇人物，很好地代表了该公司善于创新的特点。他向我们证明，一个人即使势单力薄，也能够战胜组织机构的繁文缛节，大有作为。事实上，一家公司真正的力量有时恰恰在于那些最灵活却也最固执、富有野心和想象力的个人。德鲁的多次成功还向我们证明，在创新的氛围之中，闪电也可以多次击中同一个人。

跨栏运动员

真正的跨栏运动员勇敢、迅猛、机智，总是能给人以无穷的鼓舞。

大家都看过奥运会田径赛事中的跨栏项目，真的特别精彩。伟大的跨栏运动员能在有栏和无栏的情况下跑出相同的速度。跨栏需要速度、平衡能力、协调能力、耐力和爆发力。埃德温 · 摩西（Edwin Moses）是20世纪七八十年代著名的跨栏运动员，曾称霸男子400米栏10年之久。这项运动共有10个3英尺高的障碍需要跨越，当时所有选手的做法都是两栏之间跑14步，但摩西永远是13步。这种打破常规的做法助他斩获了显赫战绩：从1977年到1987年的10年间，摩西连续赢得了122场比赛。他在1983年创造的47.02秒的世界纪录到现在为止仍是世界第二。在没有障碍的情况下，摩西的速度大约为45秒。这就意味着，10个3英尺高的障碍对他造成的阻碍不到两秒钟。

奥运冠军埃德温 · 摩西的速度从来不会因为障碍而减慢

跨栏高手从不允许障碍影响自己前进的步伐。如果你把障碍看得很难跨越，那它确实很难；但如果你不把它当回事儿，它就根本无法成为你途中的绊脚石。

小博客，大创新

迭戈 · 罗德里格斯（Diego Rodriguez）曾在IDEO工作过一段时间，后来去哈佛攻读MBA，毕业后，他到Intuit公司①做软件Quickbooks Online的品牌经理。迭戈看到了博客的巨大潜力，想把博客也开发成吸引顾客的营销手段。但其他的

① Intuit公司，是位于硅谷山景城的一家以财务软件为主的高科技公司。——译者注

营销人员对此却不屑一顾（就像若干年前人们不看好互联网一样），并警告迭戈说这纯属浪费时间。大家告诉迭戈："博客根本就不是我们关注的重点。"

维护博客的费用是每月13美元，让人意想不到的是，这么少的一笔钱也会成为不小的障碍，原因有二：第一，当时已经是第四季度，根本没有多余的预算。在Intuit这么大的一家公司里，迭戈居然没法通过正常渠道得到这笔钱。第二，人们认为每月花费13美元的东西不会对营销有任何助益。一天吃午饭的时候，一位友善的高管把这笔钱划到了迭戈的私人账户上，而此时也没人知道他要这笔钱到底用来做什么。迭戈利用周末的时间为博客写了几篇文章，大部分是关于Quickbooks的，也有一些操作指南。他还请了一位设计师对博客进行简单的设计和美化，最后想办法把博客链接到Intuit公司的主页上。在最初的几天，访问人数以每分钟一个人的速度增长。迭戈感觉到他要么做成了一件大事，要么就快被炒鱿鱼了。

当时Intuit公司的市场营销部门还发布声明称不会采用博客作为营销手段，根本没有注意到其实Intuit公司已经有一个博客正活跃着呢。2004年，博客尚属较为小众的事物，所以当博客达人罗伯特·斯科布尔（Robert Scoble）注意到迭戈的主页时，他不吝溢美之词，夸赞Intuit公司是创新的先驱，还把迭戈的博客链接到自己的主页上。从那时起，万事开始柳暗花明了。

越来越多的顾客发现了迭戈的博客，还给予不少积极的反馈。和其他一些深谙网络运营之道的公司一样，有时Intuit公司会支付一定的费用，以便让自己出现在谷歌搜索结果的靠前位置。但是突然之间，Intuit公司的点击率开始飙升，因为链接到迭戈博客的博主越来越多。当Intuit公司的高管开始关注时，星星之火已成燎原之势。

迭戈是个名副其实的跨栏高手。如果他一开始知难而退的话，后面的一切就都无从谈起了。这颗勇敢的心就是跨栏高手的魅力之所在。

在雷达之下跨栏

下面的故事情节跌宕起伏，如果发生在好莱坞，都可以改编成励志电影了。罗恩·阿维祖尔（Ron Avitzur）现在已经是拥有自己公司的老板，但在1993年的时候，他还只是苹果公司的软件承包商。当时他承接了苹果公司的一个大项目，可是项目最终被苹果公司取消了。但罗恩对自己承接的图形计算器部分十分感兴趣，于是他决定继续做下去。他戴着苹果公司授予的承包商徽章可以轻松进入苹果大楼。他在里面找了一间空办公室，继续完成该项目。过了一段时间，他的朋友格雷格·罗宾斯也加入了该项目。他们每周工作7天，每天工作12个小时，不知疲倦。但是他们根本没有获得任何批准或授权，靠的只是蛮劲儿和热情。又过了一段时间，苹果公司发现了他们，保安把他们请了出去。但是第二天，两人尾随苹果的雇员再次悄悄潜入了大楼。

> 没有预算，没有获得任何批准或授权，全凭一股蛮劲儿和热情。

在偷偷摸摸地干了好几周之后，他们终于得到了苹果公司内部的支持——苹果公司的一些工程师很看好他们的项目，给他们提供了不少帮助，包括让他们使用最先进的机器来制作模型。这样一来，工程的速度就大大加快了，进展也突飞猛进。

二人知道，要想最终做成项目，总是偷偷摸摸地进行也不是个办法。于是，在那些工程师的帮助下，他们给苹果公司的部分经理做了展示，而且效果很好，得到了这些经理的支持。但有趣的是，尽管罗恩和格雷格终于名正言顺了，但是他们还是没有进出苹果公司大门的徽章，还是得紧跟在别人后面才能进来。一位苹果工程师终于看不下去了，给他们办了一个临时的、供小商贩使用的进门证。

最终，他们的图形计算器成功问世。罗恩 · 阿维祖尔还创建了太平洋科技公司，而且再也不用偷偷摸摸地进进出出了。

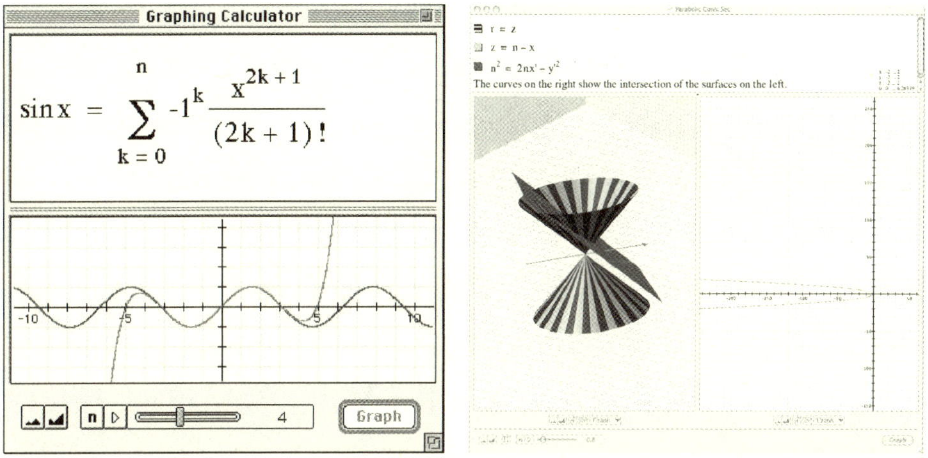

阿维祖尔在设计图形计算器的过程中展现了极大的勇气和想象加今日，太平洋科技公司也正是凭着这种优秀的品质在不断创新

建设性地说“不”

跨栏高手通常都是不惧失败，而且能从失败中很快恢复过来的人。虽然他们会在失败中越战越勇，但也明白有时建设性地说“不”是很必要的。在某些情况下，我们需要否定最初的构想和设计，从头开始才有可能走上正轨。几年前，凯文 · 麦柯迪（Kevin McCurdy）找到了我们，并提出了一个很前卫的想法。这位年轻有为的企业家靠互联网起家，做得很成功。他抱着一台索尼笔记本电脑，向我们展示了他扫描到电脑中的杂志。凯文的想法很简单，就是要占领数字杂志的高地。

凯文知道IDEO曾参与开发世界上最早的电子书Softbook。既然图书可以，那么杂志也完全可以实现数字化。而且以他的实力，资金是绝对不成问题的。

于是我们就开始做模型。首先遇到了技术问题。屏幕要做多大？什么形状好？电池寿命多长合适？还有更复杂的问题，比如人们看杂志的习惯千奇百怪、各不相同。随着项目的不断推进，我们认为要开发一个专门用于浏览杂志的数字设备不太可行。首先，生产成本高。其次，单一的、只能用于阅读杂志的设备很可能打不开销路。虽然我们完全可以做出一款十分漂亮的杂志阅读器，但很可能是个超出当今时代很多年的产品，难逃束之高阁、无人问津的厄运。

凯文是个敢想敢干的年轻人，从不惧怕失败。但同时他也并不固执，明白条条大路通罗马的道理。他接受了我们的建议。但是，我们又携手设计了一款用于订阅在线杂志的软件。这一项目也很有难度，因为要让网络版本和纸质版本看起来一模一样，可不是那么容易的事儿。

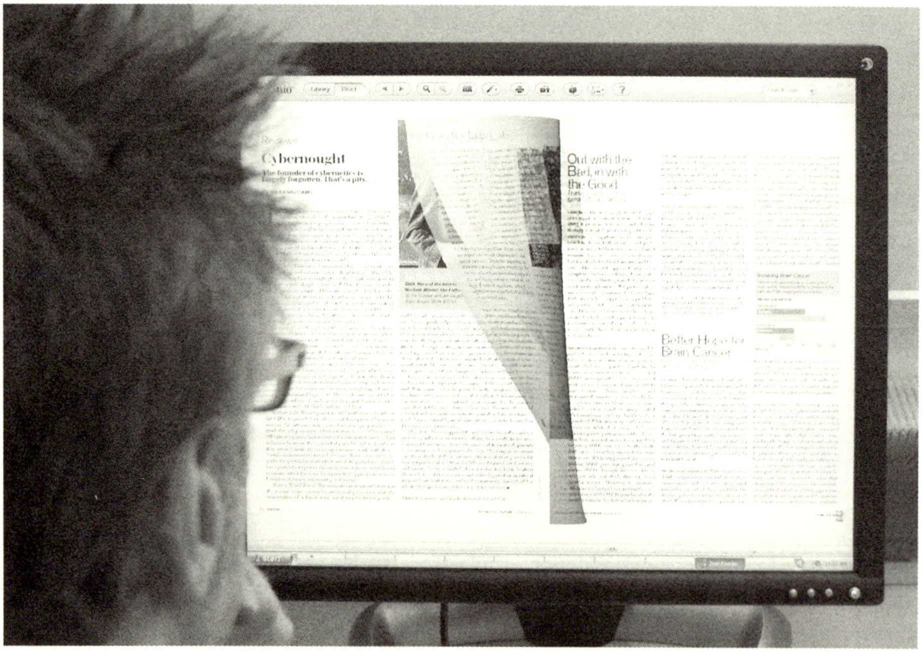

Zinio克服重重困难，大获成功。现在又2600多万份杂志都是通过Zinio发布的

到了2002年春天，凯文的Zinio公司建立了一个网站，同时推出了相关的服务。发展至今，Zinio阅读器的水准得到了业内人士的认可，而且推广程度和业务量也都十分可观。在线阅读杂志的优势是很明显的：查找内容便利、不再需要空间储存杂志，而且可以随时随地阅读。现在，100多个国家的读者都在使用Zinio阅读器阅读杂志。

这在很大程度上要归功于凯文。他既有远见又有魄力，最重要的是，在思路不正确的时候，能够勇敢地说“不”，从而进行调整，最终走上正轨。

我们从中学到的经验就是，要想获得成功，有时得学会否定自我。

没现金？自己印

创新不仅仅专属于起步型公司和精品专卖店，一些成熟的大公司也会做出可圈可点的创新项目。比如世界上最大的食品公司嘉吉，在世界各地约有10万名员工。几年前，嘉吉公司在津巴布韦面临着通货膨胀的危机，这是绝大多数公司都没有经历过的困难。津巴布韦的通货膨胀极其严重，嘉吉根本就凑不齐足够的现金付给为自己供货的农民。于是，嘉吉干脆自己发明了代替货币的“钞票”。从技术层面上看，嘉吉的“钞票”设计精美、印刷精良。虽然这种“钞票”本质上仅仅是支票而已，但是很快就被当地人所承认，并且流行起来。

几天之内，当地的批发商和零售商都开始使用这种面值约为一美元的“钞票”了。虽然并非央行发行的法定货币，但嘉吉的实力和声誉足以让人们充分信赖。同时，这一做法也在一定程度上促进了当地经济的流通和运转。

乌云背后的彩虹

跨栏高手的另一个长处是总能发现乌云背后的彩虹。在他们看来，挫折就意味着机遇。位于纽约的Yoo-hoo是一家巧克力软饮生产企业。有一天，公司的一辆售货车在纽约街头被盗了。常人根本想不出一次简单的失窃能带来什么机遇，但Yoo-hoo却在网站上挂出悬赏通缉令：帮助破案的人可免费享用巧克力饮料两年。这样一来，就有不少人到网站上下载遭窃售货车的海报。多好的宣传契机啊！若不是几天后警方破了案，没准儿还能产生更大的轰动呢。

我认为所有公司都应从中吸取一些经验。出现小错误、小麻烦的时候，机智、幽默地去应对，而且曝光率高总比没有要好。下次若有类似事件发生，你也不妨试一试。

坚持就是胜利

跨栏高手的核心特质是其顽强的毅力。最近，曾在宝丽来（Polaroid）工作的伯特·思威希（Burt Swersey）给我讲了个故事，让我很是动容。当时宝丽来的一步成像技术风头正劲，公司一位64岁的工程师西德·惠迪尔（Sid Whittier）已拥有价值数百万美元的股权，但他仍然坚持每天上班，而且每天都穿同一件破烂的运动服。

当时宝丽来正在设计新型的150相机，西德为研发一种高精准的快门而做了不少工作，但公司却采用了另一位年轻设计师的方案。

经过几个月的研究和实验，年轻设计师的方案被证明行不通，一切回到了原点，不得不重新开始，而且还耽误了许多宝贵的时间。公司高管一筹莫展。就在此时，西德从抽屉里拿出了已经完成的快门设计方案。因为坚信自己的想法，所以西德在初期方案被弃后继续投入大量的时间和精力进行完善和改进，在千钧一发之际挽救了整个公司。

永不迷信专家

我从宝丽来的故事中得到的启发是，在遭到权威专家否定的情况下依然要保持乐观。我并不是建议大家鄙视专家，因为专家从大量的实践中积累了宝贵的知识和经验。但专家往往是旧有经验和知识的守卫者，一旦时代发展或环境有变，我们就必须大胆摒弃旧有经验，勇于创新。

我和我的哥哥戴维相差 4 岁，但在申请大学时却有过同样的经历。我俩申请的都是比较有挑战性的学校，虽充满希望，但却没有十足的把握，而且都有我们信任的“专家”建议我们要降低预期。戴维的高中老师对他说，卡内基–梅隆大学很难申请，而且离家太远了。4 年后，当我申请学校的时候，我的老师也对我说申请欧柏林学院不太现实，还是稳妥起见比较好。总之，他们的意思就是：离家近一些，别抱太大的期望。与我们相比，这些专家拥有更多的知识和信息，所以他们至少在某种程度上是对的。卡内基–梅隆大学确实很富有挑战性，戴维也一直处在与数学和物理做斗争的状态。而我在欧柏林过得也不轻松，但却大开眼界，不仅尝到了以前从未吃过的百吉饼和中餐，还读到了令人耳目一新的伊凡 · 伊里奇（Ivan Illich）和亨利 · 大卫 · 梭罗（Henry Dacid Thoreau）的著作。如若当初听了那些专家的话，这一切就根本不会发生了。之后，戴维成了斯坦福大学的教授，还一手缔造了 IDEO 帝国。欧柏林则教会了我终生学习的道理，还培养了我对写作的热爱，这两样技能都让我受益终生。

所以，一定要学会培养自己公司内部的跨栏高手，重视他们的价值。也许有时候他们显得有些固执，但这种固执却恰恰是一种宝贵的品质。跨栏高手会谦虚地听取专家的意见，但不会盲目地听从，因为他们对思想、事业和生活都有自己的想法。有时候，我们需要无视这些专家，也许你会发现横在面前的高墙突然打开了一扇门。

迈出这道门，你就会找到属于自己的阳光大道。

05 合作者

THE TEN FACES
OF INNOVATION
Strategies for Heightening Creativity

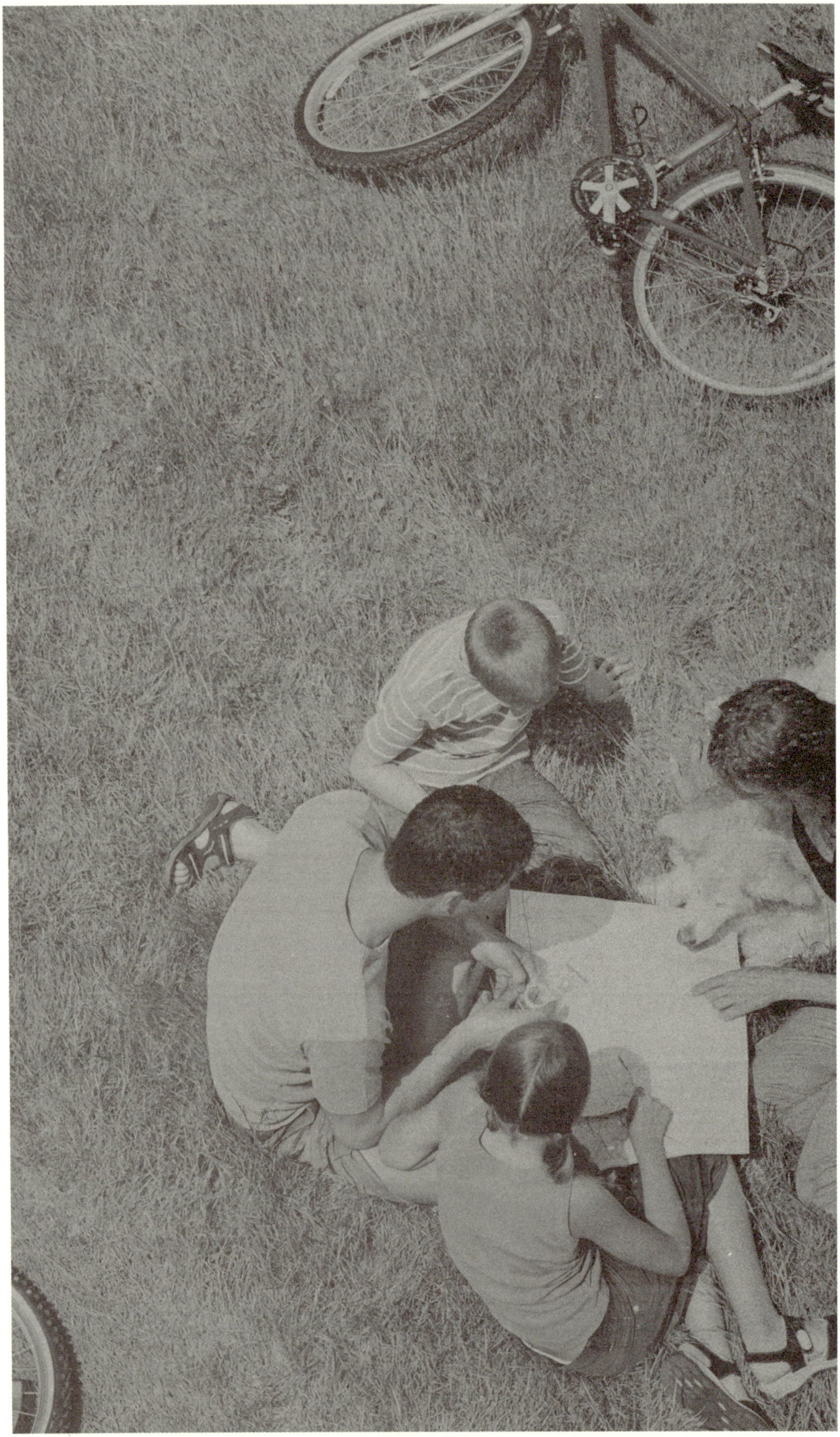

在人类（和动物）漫长的发展历史中，只有那些懂得合作与随机应变的，才会笑到最后。

——查尔斯·达尔文

爱迪生之所以能够流芳百世，有一个重要的原因是，他是一个伟大的合作者，领导一支善于协作的天才团队完成了大量的发明创造。“二战”期间，为破译纳粹德国的恩尼格玛密码机，许多背景迥异的科学家、数学家和工程师聚集到英国的布莱切利公园，并肩作战，最终解决了人类情报战争史上最具挑战性的难题。

合作者具备什么样的特质呢？其实我们都有体会。他们就像黏合剂，把大家黏合在一起完成任务。他们积极主动，能打破部门和机构的限制，促使人们走出自己的象牙塔，为了共同的目标努力。他们在团队中处于核心位置，当团队面临分裂解体的危机时，能够力挽狂澜，扶大厦于将倾；当士气低落时，他们又会变成强心剂，激励人心，从而重整旗鼓。

其实，IDEO的创建就是一个关于完美合作的故事。我加入IDEO的时候，公司还叫作戴维·凯利设计室（David Kelley Design）。虽然当时公司的规模不大，但我们却心怀改变世界的野心（哪怕只是改变一点点）。我们认识到，要实现这一目标，公司必须要包容、开放，兼具多学科背景。于是，在1991年的时候，我们决定与比尔·莫格里奇（Bill Moggridge）创建的ID TWO设计公司（位于旧金山和伦敦）和麦克·纳托（Mike Nuttall）创建的Matrix产品设计公司进行三方合并。虽然在此之前我们曾在60多个项目上有过合作，但把三家既互补又相互竞争的公司融合在一起，可谓一个大胆的想法。幸运的是，我们之前共事的经历已让合作的观念深入人心，在融合与适应的过程中并未经历巨大的阵痛，从一开始就顺风顺水。

在过去的那些年，IDEO最鲜明的标志就是乐于而且成功地和各种各样的客户合作。我们帮助医院改善患者就医体验，为飞机、火车和汽车的设计锦上添花，协助顶尖高校创新学习过程，甚至还帮助美国国家税务局创新工作思路。我们的一位忠实客户曾这样说："IDEO最擅长的就是与人合作。"

但实际上我们也有过愧对这一赞誉的时候。在IDEO的主要业务只有产品设计时，我们所做的仅仅是制订解决方案，认为把方案交给客户就万事大吉了。而现在我们则努力地陪客户走好这一过程中的每一步，致力于给客户的公司文化带来积极的影响，改善其创新模式，并为其提供后续的创新动力。之前管理咨询的工作让我明白，如果不落实，提交给客户的方案无论多好也是一纸空谈。当难以区分我们的贡献和客户的努力时，一切才开始步入正轨。因此最近几年我们一直推行一个新的标准：项目取得成功的标志就是我们的合作方在自己的公司里得到提拔。

那到底谁才能称得上合作者？合作者又充当着什么样的角色呢？在组织利益和项目进度面前，合作者视个人得失为无物。每当有人迫切需要帮助的时候，他们总会挺身而出。

合作者能够很好地团结机构内部持怀疑态度的人。通过自上而下的方式贯彻执行某种制度或做法，经常会激起一些人的怀疑甚至不满。合作者深谙柔道之术，能巧妙地把阻力变为动力。在很多个项目中，我们都有所体会。每个项目在实施的过程中，总会有一两个人持否定态度，认为纯属在浪费时间。但如果合作者能够成功争取这两个人，他们就会转化成最坚定的支持者。这种情况比比皆是，而且对于整个项目来说十分有利。

> 合作者深谙柔道之术，能巧妙地把阻力变为动力。

合作者都清楚，要想赢得比赛，传好接力棒是关键，因此部门之间、员工之间的接洽、合作十分重要。在有些场合，人们能够一眼就认出合作者，就像我们的新员工玛雅 · 博奇（Maya Powch）。面试时我们觉得这个女孩儿会让当天下午就启动的一个项目如虎添翼，于是我们跟她说："如果你能马上投入工作，我们就可以马上聘用你。"她欣然同意，马不停蹄地启动了一个为期两个月的研究拉美居民食用正餐和零食的项目。作为新员工，玛雅承担了大量的低级工作，比如收集材料、组装模型等；但当工作需要时，她还主动承担重任，去墨西哥完成了一项重要的观察调研工作。在项目快要收尾的时候，项目经理辞职自己开公司去了，玛雅再次受命于危难之际，去墨西哥为客户做了最终的陈述展示。为了正确读出每个人的名字，玛雅还花时间复习了高中时学过的西班牙语。项目最终取得了预期的成果。

这就是合作者，想团队之所想，关键时刻挺身而出，力挽狂澜。

谁都可能是伙伴

我们一般很难想到食品公司与零售商店之间会有哪些创新性质的商业合作，

擦出创新的火花，但当他们怀着真诚合作的心态聚到一起时，一切皆有可能。

不久之前，卡夫食品[1]与西夫韦[2]之间还只是传统的供应商与零售商的关系。其实“传统”就意味着有很大改进的空间。卡夫的供应链总监罗恩·沃尔普（Ron Volpe）相信，通过整合两家公司的资源，可以极大地提高效能。

可是，和世界上所有的供应链总监一样，罗恩每天忙于各种琐事：卡车没能按时送货、不同的货物被混装、定价出现分歧……每天要打无数个电话，处理无数封邮件，根本没有时间和精力去制定长期的战略，但罗恩还是想出了一个创新的妙计。

他联系了西夫韦的琳达·诺冠（Linda Norgren），看她是否对自己的想法感兴趣。罗恩提议，大家可以消除隔阂、打破壁垒，坐在一起开诚布公地探讨一下可以在哪些方面进行改进。琳达表示出极大的兴趣。但是由于档期和时间的问题，说好的圆桌会议被一拖再拖。

直到数月之后，双方团队才在IDEO帕洛阿尔托的办公室坐到了一起，讨论如何更有效地把卡夫的供应商管理库存（Vendor Management Inventory，简称VMI）系统与西夫韦联系在一起。简单来说，VMI就是允许像卡夫这样的大供应商管理存放在西夫韦仓库中的卡夫产品。在VMI有效运行的条件下，库存可以达到不多不少的最佳平衡。随着讨论的不断深入，双方意识到，除了VMI，他们可以改进的领域还有很多。

在此过程中，大家还加深了相互了解。这在当今时代可算是一个不小的进步。不信你去问问，有的供应商可能连一半的零售商都认不全。大家分成了几个小组，热烈地讨论着不同的话题，而且渐渐地都没那么拘谨了。有的人在便笺纸

---

① 卡夫食品（Kraft Foods），全球著名的食品和饮料制造商，奥利奥、趣多多、麦斯威尔等都是其旗下品牌。——译者注

② 西夫韦（Safeway），北美著名的食品和药品零售商，众多分店遍布北美各地。——译者注

上列出了公司内部官僚主义的各种表现，有的人用奥利奥摆出了饼状图来帮助分析，甚至还有人说得激动时互相扔东西。一天下来，大家共讨论出133个主意，并决定成立五个专门的行动小组来贯彻执行，以提高在策略、宣传、物流、实时数据等方面的合作与效率。

圆桌会议到此结束，很可能出现的一个结果是大家开始时信心满满，回到自己的岗位时逐渐激情消退，最终又恢复到老样子。但是罗恩一个简单的做法却产生了巨大的推动力。他获准拿到了所有参会人员的邮箱地址，不断给大家发邮件进行提醒督促，同时跟进每周的最新进展。在此必须要表扬西夫韦，能够批准这种大规模的跨机构邮件沟通实属不易。有些小组在困难面前踟蹰不前，但另一些却保持了迅猛的势头。IDEO还派专门的检查人员客观评价双方公司的进展。其中一项重要的进展就是双方实现了越库装运。绝大多数的产品都是先运到西夫韦的中央仓库，再根据需要转运到各个门店，而越库装运则让卡夫的产品从码头卸货后直接装进了西夫韦的运货车。这样不仅为双方节约了人力成本和运输成本，还大大加快了存货周转。

为了推进越库装运的推行，卡夫还创新了载货用的托盘。新托盘节约空间，而且不需要货架就可摆放，也就是说，产品卸在托盘上就可以直接出售了。双方选择用可沛利[①]来试验这种新方法。几周之内，可沛利销量大增，实现了100%越库装运，毛收入增长167%。这是西夫韦有史以来做得最成功的可沛利促销活动，卡夫也对结果感到十分满意。于是双方又把新型托盘用于促销卡夫的招牌产品奶酪通心粉，结果又是大获全胜。与此同时，卡夫产品在西夫韦的店面中越来越受欢迎。

几个回合下来，双方见到了群策群力的成效，开始对合作越来越感兴趣。在

① 可沛利（Capri Sun），著名果汁品牌。——译者注

此基础上，大家很想量化一下所取得的成果。于是在年末的时候，卡夫开发了一个计分板，请零售商来评价卡夫的表现。在罗恩的粗糙模型问世后几个月，卡夫和西夫韦一起设计了一套完整的体系，对16个方面的工作进行评估。卡夫做了初期的工作，西夫韦则在后期进行改进和完善。双方各有分工，合作得天衣无缝。

事实证明，这套评价系统是十分有效的，于是西夫韦开始采用这套系统来分析其最重要的25家供货商。卡夫被评为“黄金级”，而且进一步加强了和西夫韦之间的互信合作，卡夫还因其在产品创新与行业合作方面的突出表现获得了重量级的行业大奖。之后，双方又进一步简化了订单和发票，统一了报告中所使用的术语，合作领域进一步扩大。当初简单的一个小行动发展至今，给双方增加了几百万美元的收入，并产生了深远的影响。

这个故事带给我的启示是，创新的甚至激进的合作能够消除供销双方的壁垒。这对于任何形式的商业合作伙伴都是适用的。壁垒消除了，收获常常会让人惊叹不已。

无焦点小组

焦点小组[①]这一概念和方法被广泛应用于20世纪下半叶的市场营销。一群具有典型特征的消费者被召集到一起对公司发表评价，这种反馈在改进产品或服务时是很有价值的，但是却很难激发突破性的创新，因为典型的、大众化的人群一般不会有惊世骇俗的想法。如果你想创造一些世人闻所未闻的新鲜玩意儿，采用常规的焦点小组是很难达到目的的。

① 焦点小组（Focus Groups），是指从确定的全部观察对象（样本）中抽取一定数量的观察对象组成样本，根据样本信息推断总体特征的一种调查方法。——译者注

我们采取的方法是无焦点小组，邀请一些稍显极端的人来参加访谈。这些人对我们正在开发的产品或服务怀有极大的热情，他们能给设计师或项目领导者带来灵感，让我们的设计更接地气、更有人情味儿。

如果你想创造一些世人闻所未闻的新鲜玩意儿，采用常规的焦点小组是很难达到目的的。

我们使用无焦点小组的范围十分广泛，从鞋类、银行、家用电子产品，再到汽车，无所不包。多琳达·冯·施特罗海姆（Dorinda Von Styoheim）负责安排参加无焦点小组的人选，她总是能找到一些有想法、有趣、活泼外向又善于表达的人。最近我们在做一个鞋子的项目，多琳达找到了一组让人意想不到但却惊喜万分的人来参加：穿乐福鞋的酒吧歌手、高靴及膝的年轻妈妈，以及钟爱拖鞋的男人。为了了解他们的穿鞋习惯，多琳达请 8 位参与者每人带几双鞋过来，IDEO 无焦点小组的资深主持人苏珊娜·吉布斯（Suzanne Gibbs）称此项任务为“家庭作业”，给参与者一定的准备时间。

下午五点半左右，会谈在我们位于旧金山的办公室正式开始。一段简单的创新练习之后，参与者开始展示他们带来的鞋子并发表自己的看法。有位艺术家同时兼任汽车司机，她与我们分享了如何选择鞋子使自己看起来更职业的心得，还向我们展示了她价格不菲的精致黑色高跟鞋，而她的这一面只有在她走下驾驶位时客人才看得到。钟爱拖鞋的那位男士向我们表达了他对露脚趾的鞋子的无限热爱。之后，苏珊娜向大家介绍了 IDEO 开发的几个项目主题：放松、秘密、隐形。她把受访者分成几个小组，请大家根据自己小组的主题做出一款鞋的模型。

与焦点小组最大的不同之处在于，无焦点小组邀请的是一群极端的、与众不同的受访者，恰恰是这群人才能给项目带来激情和灵感。一组受访者设计的鞋子突出了舒适健康的主题，增加了护踵和足弓垫。另一组的设计则古灵精怪，突出了私密性的主题，居然在鞋后跟里安了一个隐蔽的小抽屉。这些模型让我们更深入地了解了消费者对鞋子的期待，为我们的设计师提供了很好的素材。于是，IDEO出生于新西兰的员工乔安妮·奥利弗（Joanne Oliver）提出了一款凉鞋的设计理念，在优雅和舒适之间做出了完美的平衡。在此基础上，我们的客户拓展了自己的品牌理念，在实用的基础上添加了许多时尚的元素。

无焦点小组能够带来设计的灵感和素材，对于观察、制作模型和集体研讨等各个阶段都有很大的帮助。无焦点小组有时就像一场小型的演出。在另一个项目中，我们没有直接问大家在社交场合是如何分享食物的，而是请他们描述社交场合食品包装的情况。在对银行进行研究时，我们请受访者带一件能够代表自己理财方式的物品，结果发现大家带的东西千奇百怪，既有井井有条的活页夹，也有胡乱塞满收据条的鞋盒子。在和一家想要进军年轻人市场的汽车制造商合作时，我们请受访者展示自己的交通工具。我们看到的是五花八门的热闹场景：既有已经面目全非的改装车，也有新奇少见的舶来品，还有庞然大物SUV（车主用来拉滑翔伞）。一天晚上，他们把车全都停在了IDEO位于旧金山湾的一个仓库前，我们打开了照明灯，他们发动了引擎，那场面别提多壮观了！我们还做过一个关于宠物狗的项目，请了许多养狗的人带着自己的爱犬来办公室。有的狗在办公室大战，有的在地板上尿尿，还有一只身形硕大的狗趴在主人大腿上来回蹭。

这样的经历不仅有意思，而且很让人开眼。无焦点小组让我们有机会看到消费者如何使用自己钟爱的产品，能够与消费者进行更深入的交流。下次您再想做什么新设计的时候，不妨也试一试。记得在选择受访者的时候，范围一定要广，而且一定要涵盖那些充满激情又品味独特的人，他们会让你的创新更接地气、更有人情味儿。

打破部门间的藩篱

我们与各个领域的数千家公司都有过合作，这让我们有机会了解到这些公司内部的机制和运转情况。大多数公司都是根据职能划分不同的部门，如营销、设计、生产等，这些部门都各有所长。也有一些大公司是根据地域进行划分的。大量实践表明，在这些相对独立的部门推行某项创新会缺乏连贯性和完整性，就像把一张360度的全景照片切开放在不同的相框里，结果往往是割裂而不完整的。在一些比较好的公司里，我们最大的期待就是经过部门间的几传手后，最初的热情和劲头儿还能留存。但是在一些教条主义严重的公司里，一旦大的商业环境发生改变，创新项目就会面临夭折的危险，因为这样的公司不仅条块分割严重，而且缺乏随机应变的能力。比如医疗保健行业的公司就要时刻准备着根据政策的变化而做出调整，还要随时提防竞争对手，其实时尚产业和继续教育行业也是如此。如若公司架构分裂、部门间各自为政，就很难根据市场需求的变化而做出调整。

几年前我去参观一家大型文具公司的总部，看到一个房间里摆满了竞争对手的各种产品，这让我很是欣喜。因为这样做可以避免骄傲自满，让人感受到竞争的压力。其实，IDEO位于旧金山的办公楼里也有这样一面墙，上面摆着几百件新奇的设计，有洗发水瓶、饮料罐、零食盒等，都是我们从世界各地搜集到的新颖的小玩意儿。

在参观的过程中我发现，在各种各样的文具中，唯独没有日本生产的产品。日本的文具富有创意，而且很精美，所以我每次到日本都会去文具店转一转。我跟负责人说了我的想法，她说："真是好主意！我怎么能拿到日本生产的产品呢？"

我回答道："如果是我的话，我会给日本的朋友打个电话，给他几百美元，让他去涩谷区著名的东急手创馆或是银座的伊东屋，帮我买最新、最流行的产

这样的一个陈列能够时刻提醒我们，世界各地都有好的产品、好的设计、好的想法，而且层出不穷

品，之后再帮我快递过来。这样一来，用不了几天就全部搞定了。”这位女负责人很赞同我的提议，甚至还流露出请我帮忙的想法。但是我们刚参观完，就有人告诉我，其实这家公司在日本有一家很大的分公司。

我惊讶到无语。这家公司在日本有几百位雇员，而刚才总部的那位负责人竟然都不知道去联系谁。这个例子就很好地阐释了各自为政是多么可笑、可恶，这是对资源的巨大浪费啊！

因此，IDEO有时就会起到桥梁的作用，把公司内部的各个部门联系到一起。当然，有的公司不需要这样的帮助，但有的公司却十分需要第三方的介入，来把部门间的资源整合到一起。

那么我们使用什么样的方法来对抗这种各自为政的思想呢？我们会组织一

个跨部门的团队，把之前老死不相往来的人聚到一起，引导他们在合作中擦出火花。不可否认的是，这有时候做起来很困难，因为大家多少都会有一些自负和自满，但是我们坚信部门间的协同合作是企业成功的必备要素。在这个意义上，IDEO不仅仅是设计师，还是咨询师，更是合作道路上的导师。IDEO在合作的过程中会无处不在，我们会尽一切努力让各个部门整合为一条统一战线。

最近大家都在探讨跨学科的团队，但是仅仅把不同专业背景和不同部门的人召集到一起还远远不够，还要用“胶水”把他们粘起来，真正产生一种凝聚力才行。而这里的“胶水”就是我们所说的合作者，他能够使人们跳出自己狭隘的小圈子和固定的思维方式，引领大家携手探索未知的领域。这并不是说一说就能实现的目标，但却值得我们投入精力和时间。

总之，每个团队都要至少有一名深谙合作之道的人，而且多多益善。

同吃同住促合作

为什么合作者如此重要？他们的价值又体现在何处呢？在过去的几年，我们和各种各样的公司有过各种各样的合作。这些经历都可以充分地回答上述问题。我们曾邀请日本松下公司的设计师来我们位于伦敦的工作室一起工作了好几个星期；我们的一个团队还曾经在宝马公司慕尼黑研究中心待了一年；更不用提帮柯达、宝洁等公司建立的创新中心了。但我想介绍的却是另一个不那么知名的项目，也正是这个项目能够更好地阐释团队合作的重要性。

十几年前，三星公司的工作人员拿着一份大胆的计划找到我们。当时的三星虽然拥有很强的生产能力，但产品设计却很一般，所以还只是一家二流的家用电器生产商。三星的计划是从韩国总部抽调设计师轮流来加利福尼亚和IDEO的设计师一起生活三年。而在这三年的时间里，我们一起设计了27项新产品，从电

通过与一系列国际合作伙伴展开合作，三星得以打造了卓越的品牌

脑到电视，门类很广。

这样一来，三星在太平洋东西两岸都拥有了自己的设计团队。没过多久，三星的设计就登上了《商业周刊》的封面。曾经在韩国各大财阀中名不见经传的三星，一跃成为超过现代（Hyundai）和LG集团（Lucky Goldstar）的行业领头羊。最近，Interbrand[①]的年度品牌报告称，三星为世界上发展速度最快的品牌之一。

三星则继续加大在研发方面的投资，提高生产效率，改善营销策略。当然，

① Interbrand，全球最大的综合性品牌咨询公司。——译者注

IDEO在此过程中只起到了一小部分的作用，但我们就像一针催化剂，让三星对设计的追求更加执着，而且我们的合作还远远没有结束。此时此刻，三星的一位设计师又来和我们一起同吃同住同工作了。

铁人三项不输高尔夫

一直以来，高尔夫都被视为最适合商业沟通的运动。打高尔夫球的过程中会有很多机会聊天，打完球喝一杯，也是拉近距离的好机会。但若想和客户建立真正的感情，我觉得应该开辟一些新的运动项目。我们有位员工叫希拉里·霍伯（Hilary Hoeber），她认为和客户一起烹饪并享用美食是沟通感情的不二选择。我的好朋友约翰·伯杰（John Berger）则更愿意和同事一起潜水，因为他觉得这样不仅能够建立互信，还能够分享共同的经历。

> 尼尔和克里斯同顾客培养合作默契的方式可谓敢为天下先——一起完成铁人三项！

尼尔·格里默尔（Niel Grimmer）和克里斯·沃夫（Chris Waugh）则独辟蹊径，他们喜欢和客户一起参加铁人三项运动。事情的起源是这样的，尼尔发现奔驰公司的一位重要高管同时也是一位优秀的田径运动员，当时奔驰恰好赞助了一项在德国举办的铁人三项赛事。于是每天晨会前，尼尔都会和奔驰公司的经理曼弗雷德·多恩（Manfed Dorn）一起参加跑步训练。奔驰公司还特意把我们合作项目的最后期限推迟到比赛结束后，因为这样双方公司就都有时间参加比赛了。

直到现在，尼尔和克里斯每年都会去明尼阿波利斯参加铁人三项比赛，而这一活动恰好是由我们的客户嘉吉公司（Cargill）赞助的。去年，100多位嘉吉员工都去了比赛现场，有的亲自参赛，有的为队友加油鼓劲儿。一场场比赛下来，

商业合作的最新模式——同顾客一起完成铁人三项！

我们之间的感情不断深化。

所以，即使你和我一样没胆量去潜水或是参加铁人三项，你也可以找到一项能够促进团队感情的运动。运动无所谓优劣，只要有新意和心意就好。

何必墨守成规

爱迪生曾说，“天才是1%的灵感加99%的汗水。”但在合作的过程中，有时最重要的环节却是找到恰当的合作方式。

有些项目乍一看无利可图，于是很多公司就这样拱手把机遇让给了竞争对手。其实，创新是无处不在的，有时通过合作方式的创新，即使是无利可图的项目，也可以带来意想不到的收获。

几年前，波士顿啤酒公司的员工找到了我们，他们想重新设计一下扎啤机的手柄。如果按照规定收费，对于这样一个小公司来说，这可是一笔不小的数目，况且扎啤已经不是他们生产的重点产品了。但是我们又特别想与塞缪尔 · 亚当斯啤酒的酿造者合作，于是就想到了一个特殊的付费方式。可能你已经猜到了，那就是用啤酒来支付部分款项。所以，他们每次来IDEO波士顿分公司的时候，都会推来几车啤酒，我们此后两年在波士顿举办的所有舞会，喝的全都是他们的酒，有的人因为太喜欢他们的产品了，干脆把啤酒带回家继续喝。

这也许不是我们做过的最赚钱的项目，但却很有趣。我们给这个项目配备了年轻的设计团队。虽然年轻，但是他们在做实地调研的时候一丝不苟、兢兢业业。我们去“啤酒剧场”参观，酒保会给每位客人倒上他最喜欢的啤酒。我们发现几乎所有参展的啤酒厂都选择了复古的木质扎啤机手柄，大有19世纪英国酒吧的风格，让人联想起酿酒的悠久历史。但是我们却觉得，像塞缪尔 · 亚当斯啤酒这种工艺精良、口味独特的酒，完全可以采用一些更加现代化的器材来承载。

我们研究了各种材料，探讨了各种可能。注塑成型技术是个不错的选择，因为这样就可以在内部添加电子器件并做成半透明的手柄。大家提出了各种想法，有人说可以把发光装置安在手柄内，每次倒酒就像一场迷你的灯光表演；还有人说可以把手柄做成一个自动抽奖机，每隔一段时间提供一次免费的啤酒，就像拉斯韦加斯的老虎机一样。最后我们采用了最简单也最经济的做法：蓝色半透明的不锈钢手柄。别看这个设计简单，它却十分与众不同，不仅让塞缪尔 · 亚当斯在剧场中鹤立鸡群，而且也为其今后打造卓越的品牌奠定了基础。当然，这次合作也给我们带来了不少好处，后来波士顿啤酒公司决定根据季节推出不同的手柄和啤酒，我们又一起进行了研发，而我们的冰箱中又摆满了各式各样的美味啤酒。

传好接力棒

在我看来，最能体现团队合作重要性的就是 4×100 米接力赛跑。在这项运动中，接力棒的传递要比每个运动员的速度还重要。奥运会历史上从未有过哪支队伍掉了接力棒后还能赢得比赛。无论每个选手跑得多快，一旦传砸了接力棒，一切都是空谈。

在外行看来，接力赛无非就是找几个跑得最快的人分别跑完自己那一棒罢了。但事实绝非这么简单。最优秀的团队会精心把队员和资源整合在一起：跑第一棒的运动员必须具有强大的爆发力，跑中间两棒的人则必须十分善于传递和接好接力棒，最后一棒则要求运动员的冲刺能力十分强。每个人在此都发挥着不可替代的作用，而且要在规定的 20 米区域内完成交接棒，否则就算犯规。

传好接力棒需要：巅峰的速度、极大的灵活性与紧密合作

要想获得比赛的胜利，运动员在交接棒时的动作必须要流畅、迅速，完美配合，这样才能避免减速。麦克 · 马什（Mike Marsh）、勒罗伊 · 伯勒尔（Leroy Burrel）、丹尼斯 · 米歇尔（Dennis Mitchell）和卡尔 · 刘易斯（Carl Lewis）组成的美国男子 4×100 米接力团队曾在世界体坛叱咤风云。他们每个人跑 100 米所用的时间都在 10 秒左右，所以我们猜想他们跑 4×100 米的时间就是 40 秒。这听起来好像合情合理，但事实上，他们的最好成绩是 37.4 秒，相当于每小时 26 英里！太不可思议了吧，中间还要传递三次接力棒，这不都需要消耗时间吗？ 4 位选手巧妙配合，马什把接力棒传给伯勒尔的时候，伯勒尔已经接近自己的巅峰速度了，而当传奇人物刘易斯接过最后一棒时，他像火箭一样冲向终点，抵达终点时的速度已经达到了每小时 28 英里。就这样，通过完美的交接棒，这个神奇的团队轻松赢得了奥运会金牌。

接力赛成败的关键就在于接力棒的交接。如果接棒的选手起步太晚，那就会优势尽失；如果起步太早而跑出规定的交接区域，又会面临犯规的风险。不论是在赛场还是在商界，糟糕的交接随处可见，那么怎么才能通过完美的协调实现理想的交接呢？

在 2004 年的希腊奥运会上，美国男子和女子 4×100 米团队就是很深刻的反面教材。田径女飞人马里昂 · 琼斯（Marion Jones）由于在之前的跳远比赛中已经消耗了体力，并且对接力赛的规则不是很熟悉，在交接棒时冲出了指定区域，让本来大有夺冠希望的美国女子 4×100 米团队无缘奖牌。而在男子组的比赛中，美国队因为最后一棒交接失误而遗憾地输给了英国队。

还有一个更深刻的例子就是 1936 年的柏林奥运会。当时希特勒对德国队女子组的比赛抱有很大希望，在最后一棒交接前，德国队还领先了整整 7 米，基本可以说是胜券在握了。但就在交接最后一棒的时候，德国运动员传接棒失误了，而美国队的伊丽莎白 · 罗宾逊（Elizabeth Robinson）则顺利地把接力棒传给了

海伦 · 史蒂芬斯（Helen Stephens），轻松夺得了比赛胜利，还打破了当时的世界纪录。

在当今的商界传递接力棒要比在赛场上复杂得多，但基本道理是相通的——成功取决于你是否能组建合适的团队，并给每个人都安排恰当的职位。队员在努力发挥个人才能的同时，还要考虑整个团队的战略。如果能够在交接的环节达到驾轻就熟的状态，你就可以坐享合作的硕果了。

沟通为王

在经济日益全球化的今天，接力棒不仅要在公司的部门间传递，还要在全美各地甚至世界各地进行传递。而这种大规模的合作正是现代商业的本质。这也是为什么IDEO是按照业务范畴而非地域来划分部门的，这样才能够将我们的潜能发挥到最大限度。

跟您分享一个小例子。就在此时，我正在加利福尼亚为总部位于德国古特斯洛的贝塔斯曼集团做一个项目。我们的客户经理是一个在IDEO慕尼黑分公司工作的巴西人；项目负责人是一个定居在伦敦的加拿大人，而项目主要是在巴黎完成的；协调人是一个精通英语、德语、法语三门语言的中国人。

如何才能赢得这样一个国际性的项目呢？首先一定要和客户进行面对面的真诚交流（视频会议是不算数的）。之后和客户一起喝咖啡或者共进午餐，这是建立私人感情的不二选择，这样一来，在今后紧急的时候打电话给大洋彼岸的客户请求帮助，你才不会被拒绝。即使在互联网和各种科技高度发达的今天，人们也依然坚信与人同桌吃饭的重要意义。

建立了这样的联系之后，还要再接再厉，让客户关系更上一层楼。发几封邮件是远远不够的，我们还设立了专门的电子办公室，利用公司的数字系统建立各种形式的联系。我们会维护一个关于项目的专门的维基主页，会通过互联网召开各种会议，从而实现大家一起研究探讨各种资料和文件。其实，我们并不是对信息技术十分狂热，但是我们愿意接受一切能够促进人际交流的方法。

如果实在没有时间和团队成员进行面对面的交流，还有一个办法可以弥补，那就是了解他们的兴趣爱好。但不要显得太刻意，可以在谈事的间隙随意问一句"周末打算做什么"。这样做的一大好处是，你可以捕捉到队员情绪和思想的变化，而邮件却无法体现这些微妙的东西。可是在现实生活中，明明一个两分钟的电话就可以解决的事，许多人却非要发邮件。一定不要这样做，特别是在协调国际性的合作项目时，一定要抓住一切时机进行语言的而非邮件的交流。不想当面说的话最好不要在邮件里体现，模糊不清的话也不要在邮件中出现，因为收件人很可能因为心情不好而对其做出错误的理解。同时要尽量避免主动地用邮件去联系别人。

完美团队

在离IDEO帕洛阿尔托分公司不远的地方有一家全食[1]超市，因此我对这家高端食品超市十分熟悉。我们会去那里买午饭，还会去买些巧克力曲奇作为下午的茶点。几年前，IDEO为泰德·科佩尔（Ted Koppel）的《夜线》[2]节目设计购物车时，全食超市自然是我们进行实验的最佳地点。

全食公司之所以能够崛起，不仅仅是由于其店面精良的设计和人们健康意识的增强这么简单。全食公司颠覆了传统的人力资源管理思维，创造了一种全新的

① 全食（Whole Foods），美国最大的天然食品零售商，曾创造零售业的神话。——译者注

② 《夜线》（*Nightline*），美国广播公司（ABC）播出的深夜新闻节目，曾被选为美国最伟大的50个电视节目之一，泰德·科佩尔是其主持人。——译者注

模式，对整个劳动密集型产业具有很大的指导意义。

全食公司的业绩十分突出。在食品零售行业几乎是低利润代名词的背景下，全食过去两年的利润都接近2亿美元。而其最大的竞争对手在店面数量比全食多6倍的情况下，利润却被全食远远甩在了后面，其他的公司则在金融危机中赔钱运行。全食成功的一个重要原因在于，它采用了渗透到每一环节的合作型的运营模式。其他的连锁超市都会雇用很多的经理和售货员，而全食则依靠富有创造性与合作精神的团队来取得成功。

全食的每个连锁店都有8个团队，分别负责主食、海鲜等不同的货物。每个团队对自己的招聘工作负责。新人进队一个月后，会由团队的所有成员进行投票表决，只有获得2/3以上的支持，新人才可以留下，这样就可以充分调动和发挥新人的积极性和能动性。此外，每个团队在其他方面也拥有很大的自主权，可以自主决定进货的品种、货物陈列的方式等。团队销售额与利润的增加也会直接体现在成员的工资单上。

全食还有一个特别能鼓舞士气的做法，那就是店面的管理十分平等和透明。如果哪位营业员的业绩连续14次都是倒数第一，那么即使高管亲自出面，他也绝对保不住饭碗；每位员工都可以去翻看一份公开的账目，上面有每个人的工资信息。全食还保留详细的销售、财务等方面的数据，各个团队会定期翻阅、研究，进而评价并改善自己的表现。每位员工都能获得股票期权。公司甚至还发布了《合作宣言》，阐明公司对食品、消费者和雇员的基本立场和原则。在全食公司，没有“我们和他们”的思维方式，团结协作是所有人的信条。全食公司的一些经验值得我们借鉴和学习：

○ 团队独立自主，定期开会，集体讨论并解决问题，充分肯定队员的贡献。

○ 设立“团队成员论坛”与“咨询专家组”，加强沟通交流，将一切信息向所有成员公开。

○ 将工作与兴趣相结合，通过团队间的友好竞争来提高公司的整体业绩。

○ 不断提供学习机会，强化企业价值观，提升职业技能，传播食品营养知识。

换句话说，团队就是全食公司得以屹立不倒的骨骼，而合作就是其得以生机勃勃的血液。全食超市的常客都会有这样的经历，任何一个团队的售货员不但会主动帮助消费者找到所需要的产品，还会热心提供各方面的信息。不论是如何选鱼露还是怎么做菜，他们从不吝啬自己的热情。大家属于不同的团队，但所有人又一起组成了一个大的团队，为了共同的目标而时刻奋斗着、协作着。

全食给我们带来的启示很简单：把相互割裂的部门改造成以项目为基础的团队，并给这些团队赋权。相信我吧，你肯定会因此而获得丰厚的回报，没准儿还能在已经没有太大利润空间的传统行业开辟一片新的天地呢。

足球中的团队合作

我经常陪孩子参加足球队的训练，虽然这项运动在美国流行的时间还不长，但是已经开始和橄榄球形成分庭抗礼之势了。我小时候热衷和小伙伴们在后院玩儿橄榄球，从每年的夏末一直玩儿到冬天的第一股寒流来袭。那时候足球还不流行，直到上大学我才开始接触足球。而现在的情况却恰恰相反，我 10 岁的儿子对橄榄球几乎一窍不通，但是对足球却已经有不浅的造诣了，而且已经参加过三个赛季的比赛。对于他们这一代人来说，足球是最流行的运动（目前美国大约有 2 000 万的孩子在踢足球）。说了这么多，您可能开始纳闷儿了，这和商界的团队合作有什么关系呢？

足球是一项团队运动，其中蕴含的道理和企业之间的合作如出一辙。最优秀的足球教练会在练习当中完成全部的指导和训练。史蒂夫·内古斯科（Steve Negoesco）是旧金山大学足球队的教练，最近刚刚以544胜的全美最佳校际联赛成绩退休，还获得了四项国家级的荣誉称号。他成功的秘诀是什么呢？每场比赛开始前，他都会指定一名队长，之后自己跑到看台上找一个视角最佳的位置观战。即使球员发挥失常，在比赛的前20分钟，史蒂夫也不会将其换下，因为他认为树立信心要比赢得比赛更重要。如果有人确实不在状态，史蒂夫会在中场时将其换下。如果有人受伤了，则会由他指定的队长来安排替补。

队员在各种角色间灵活转换

得益于史蒂夫对球员的耐心和球队严明的纪律，他带出的队员从来都是信心满满，而且充满了对球队的责任感。这些优秀的队员经过史蒂夫的培养，每个人在球场上都可以从容应对各种挑战，几乎达到了教练的水平。他们在努力发挥自已最佳水平的同时不忘整个团队的协调合作。这样强大、负责任的优秀队员是任何团队都渴望拥有的。

其实，球队和公司内部的团队是很相似的。二者都必须掌握一些最基本的技巧，不断地传球、接球。最优秀的团队珍视多样性，会将各种类型的队员收入麾下。在观看专业比赛时你会发现，优秀的队员会不断地奔跑，形成动态的三角形，这样就能为带球的队友创造最佳的传球角度和位置，正如项目中的同事互相配合为彼此创造机会一样。

橄榄球要求每位球员在场上都有明确的位置，然后刻苦磨炼该位置所需的技巧，但足球却恰恰相反，它要求大家在赛场上随机应变，承担起多重责任。IDEO也推行类似的做法。我们不会因为一个人所学的专业是工程学就向他关闭产品设计的大门，而是支持他向多个领域发展。设计师也不会囿于设计的象牙塔内，他们会经常为工程方面的问题献计献策。好的团队会支持队员探索各种可能，不断挖掘自身潜力。

时至今日，荷兰人发明的全攻全守战术已经被很多球队所采纳，并取得了良好的效果。这种战术要求队员频繁地转换角色并不断地进行交流。在截下对方前锋的球后，防守队员可以快速冲向对方的球门，摇身一变成为前锋。中锋则会赶到防守队员的位置防止对方进行反击。高效的团队会产生巨大的凝聚力，从而激发更高远的目标，引领大家走向辉煌。

尝试一下这种灵活的战术，你的团队也一定会受益匪浅。下面介绍一些团队建设的关键要点：

○ 多指导，少指挥

优秀的管理者会鼓励员工，帮助员工建立自信，提高技能，从而主动地抓住机遇。他们相信这种鼓励和鼓舞要比生硬的指挥效果更好。

○ 铁三角

将团队分成 3~6 人的小组，这样就可以形成更多上文提及的“铁三角”，如此一来，大家就会有更多的机会来交流想法，并且共同承担责任。

○ 人人皆有机会

让每位队员承担至少一项关键职责，不要让任何人成为永远也碰不到球的替补队员。

○ 尝试不同可能

给队员创造机会，让大家都能尝试一些不一样的角色。邀请技术专家参加集体讨论，并鼓励那些对技术不是很感兴趣的人也积极参与。了解队员的兴趣爱好，调动大家的积极性。

○ 少一些单打独斗，多一些团队合作

鼓励大家分享各自的想法和动力。单打独斗在初始阶段也许会对项目产生关键的推动作用，但是要想把项目完成，团队合作是必不可少的。

分享过程

在推进项目的过程中，合作难免会经历各种起起伏伏、磕磕绊绊，正如像商界战略大师加里·哈默尔（Gary Hamel）所言，合作的过程有时要比合作的成果更有价值。为了阐明自己的观点，他还举了一个看电影的例子。如果你在电影结束前 5 分钟走进电影院，你会发现场景基本雷同——休·格兰特（Hugh Grant）或者加里·格兰特（Cary Gyant）与女主角伴着浪漫的音乐深情相拥。如果没有前后场景，这会让人觉得很突兀，更不用提感人了。但如果你看了整部电影，见证了男女主角之间过山车般的分分合合、爱恨情仇，再看最后这一场景，你会发现它特别感人，没准儿还会掉两滴眼泪。感动你的不是大团圆的结局，而是两人所走过的历程。

其实商界的合作也是同样的道理。共同的经历会让大家建立一种相互间的理解、忠诚和默契。但现实生活中的爱情远没有电影中那么美好，看看现在不断飙升的离婚率就知道了。现实中的商业合作也不会总是处在蜜月期。这种合作的关系一旦触礁的话，我们又该怎么处理呢？我的建议是：真诚地听听批评你的人怎么说。

争取反对者

IDEO伦敦分公司的莫拉 · 谢伊（Maura Shea）曾给我讲过这样的故事。当时莫拉所在的团队正和美国一所著名的医院合作，寻找新的途径改善患者及其家属的就医体验。这是个不小的挑战，因为医院的很多高级管理者和医生对所谓的“顾问”心存疑虑。他们已经在“顾问”的指导下进行过许多尝试，但都以失败告终，所以基本不再抱有什么希望，并且已经开始对“顾问”感到厌倦了。究其原因，医院的很多管理者和医生都是在正常工作的基础上加班加点做这个项目，因此才会苦不堪言，怨声载道。

特别是医生，他们的不满情绪更为强烈。有一天，莫拉正在医院大厅里走着，迎面走过来的一位医生愤怒地向他咆哮：“你们收了不少钱吧？我们多年以来一直盼望改变，你们能拿出点儿实际的行动和成绩吗？”

在这种被挑衅的情况下，莫拉依然保持镇定，她对这位医生说：“我希望您能加入这个项目，有了您的参与，我们的团队就更加强大了。”

抛出这个橄榄枝是需要很大的勇气和自信的，而且莫拉并不只是说说而已。这位医生很有想法，思维敏捷，实事求是，而且是个很坚定的人，所以莫拉就去观察他每天如何与同事和病患打交道。

与持不同意见的人合作会带来很大的收获和启发。不要因他们的意见不同而感觉受到了挑衅或冒犯，试着去听听他们的想法并做出回应。通常，他们的理由都是站得住脚的。这样一来，你不仅有了看问题的不同角度，而且这些人一旦被你争取过来，会极大地促进团队建设。

我们还和一家建筑公司合作过项目。当时建筑公司的一位高级合伙人对我们说，他认为我们这些大张旗鼓的动作根本就是浪费时间、劳民伤财。我们的回应是邀请他加入这个项目，结果是他不仅逐渐理解并接受了我们的项目，而且还在项目进行到一半的时候主动要求写一份专门的案例研究，并计划向建筑类杂志投稿。

任何合作项目都有可能遭到反对。作为合作者，此时一定要保持耐心，倾听反对的声音，并设法把反对者争取过来。这对于取得最终的成功可算得上是关键的一步。

06 导 演

THE TEN FACES
OF INNOVATION
Strategies for Heightening Creativity

我为梦想而生活。

——电影导演史蒂文·斯皮尔伯格（Steven Spielberg）

自从我的《创新的艺术》一书问世之后，我很高兴看到企业界有了一些新的动态。世界各地的公司越来越认识到创新的重要意义，还有几百家企业专门设立了创新副总裁、首席创新官等职位来担任企业内部创新总导演的角色。这些职位和首席财务官、首席运营官类似，运筹帷幄企业的创新大计，对于企业的长期健康发展有着十分重要的意义。

其实我们都接触过导演。他们能统筹全局、布置场景、调动演员情绪、振奋士气，还能增强团队的凝聚力，以完成最终的任务。IDEO十分有幸曾和优秀的天才导演艾维·罗丝（Ivy Ross）合作过，她曾经主持了被美泰公司[①]称为“鸭

① 美泰公司（Mattel），全球最大的玩具公司，著名玩具品牌“芭比”的所有者。——译者注

嘴兽”的重要创新项目。艾维在公司内部申请了一块不小的场地，召集了顶级的设计师放下手头工作，一心扑在“鸭嘴兽”项目上长达12周之久。他们进行了大量的观察，制作了很多模型，还做了很多疯狂而有趣的事，在此期间，他们也确实萌生了许多关键的想法。

一位善于创新的导演，帮助美泰公司在短短三个月内创造了一个新产品平台

到了第11周的时候，美泰公司的一些高管开始按捺不住了。但是艾维团队创造的第一件产品——儿童玩具组合埃洛（Ello）问市第一年的销售额就达到1亿美元之多，于是所有的怀疑和动摇全部烟消云散。

选择适合你的菜

IDEO是一家开放包容的公司，我们拥有各种不同风格的创新导演，有的像索菲亚·科波拉[①]一般自信而淡定，有的似科恩兄弟[②]般疯狂。比如，我们的比尔·莫格里奇就有着十分浓郁的个人风格。几年前，他一手创办了IDEO的创新系列讲座，之后把运营权交给了一些自己信任的员工。这些人都是比尔的忠实粉丝，被他的个人魅力所感染，尽心尽力地经营着讲座，并邀请到了畅销作家马尔科姆·格拉德威尔（Malcom Gladwell）、发明家杰夫·霍金（Jeff Hawkins）和演讲家斯蒂芬·丹宁（Stephen Denning）等。马基雅维利（Machiavelli）曾说过，“与其被爱，不如被怕”，但比尔却反其道而行之，用自己的人格魅力和关怀发动大家行动起来。

在IDEO的27年里，我从戴维的言传身教中学到了很多作为创新导演应具备的品质。戴维是一个能够用热情感染并带动下属的领导，他能够激发下属的积极性，而且不吝给予下属再来一次的机会。他启发并鼓舞了无数的IDEO人，现在又把自己的热情带到了斯坦福大学。他目前正在斯坦福筹建一个新的设计学院，得到了各方的支持和肯定。

电影中的设计师通常都是目中无人、狂妄自大。但IDEO的情况却并非如此，很重要的原因是戴维的继任者蒂姆·布朗（Tim Brown）也是一个十分谦虚的人，会给其他的领导者充足的发挥空间。在他的带领下，IDEO将重心转移到市场营销，大大推进了创新的进程。

---

① 索菲亚·科波拉（Sophia Coppla），美国电影编剧、导演，在2010年的威尼斯电影节上凭借《在某处》（*Somewhere*）赢得最佳电影金狮奖。——译者注

② 科恩兄弟是指乔尔·科恩（Joel Coen）与伊桑·科恩（Ethan Coen），他们是美国著名的电影导演、编剧，凭借《老无所依》（*No Country for Old Man*）获得2008年第80届奥斯卡最佳导演奖。——译者注

斯坦福的新设计学院尝试将“设计思维”应用于商业社会

过去几年中，我印象最深刻的、最善于统筹创新的客户是宝洁公司设计、创新与战略部副总裁克劳迪娅·科奇卡（Claudia Kotchka），她最近被《财富》杂志誉为“美国最杰出的设计高管”。克劳迪娅直接向首席执行官雷富礼汇报工作，既能承担人类学家的工作，也算得上优秀的合作者，但她最擅长的角色是导演，她能够运用各种各样的方法和手段让人们紧密团结在自己周围并按照她的构想行事。她创立了宝洁创新基金，要求世界各地分公司的高管们提出让他们夜不能寐的问题。但克劳迪娅却否决了高管们提出的九成以上的问题，原因是这些根本算不上问题。但是她把剩下的最最挑战性的问题做成了一个清单，集思广益，将其各个击破。这真的不失为一个很好的创新战略。

成功导演的 5 个特征

1. 将中心舞台留给他人

成功的导演不吝将聚光灯投射到他人身上，而自己则在幕后运筹帷幄，统揽全局。（除了奥斯卡颁奖典礼，我们从未见过大导演弗兰克·卡普拉（Frank Capra）走到前台。

2. 不断寻找新的项目

成功的导演会对任何需要帮助的人伸出热情的援手，因为他们视团队的和谐团结为成功的关键因素。他们会竭尽所能组建起最优秀的团队，有时为了协调关键演员的档期甚至不惜推迟项目进程。

3. 喜欢接受挑战

电影史和企业发展史是一样的，总是被艰辛的工作、拮据的预算、紧张的期限和不可避免的挫折所困扰。但是成功的导演从不惧怕这些挑战，而是欣然接受并从容谋求解决之策。

4. 设定高远目标

成功的导演总是目标高远，即使有时这些目标显得遥不可及，他们也会一步步坚定地走下去，直到成功为止。

5. 善于随机应变

面对不期而至的各种问题，成功的导演懂得随机应变，善于利用手头的各种资源和工具，他们喜欢解决意想不到的难题。

好莱坞传奇导演斯皮尔伯格就是成功导演的典范，他十分善于领导团队，创造了一部又一部的经典之作；史蒂夫·乔布斯则可以称得上是商界的优秀导演，他好莱坞有这样一句话：“导演90%的工作都是在调动演员。”伟大的导演能够带出一支不需要命令指示、高度自觉的团队。

带领团队创造了一系列卓越的产品，树立了一座难以逾越的丰碑。二人的共同点是都能够将团队的潜力发挥到极致，都有极富感染力的热情，从而带领团队成就非凡的业绩。

在各种角色中，导演是比较复杂、比较难以驾驭的一个，但也是可以总结出几点基本原则的。导演的首要任务是保证整个项目朝着既定的目标前进，大的方向不可以出现偏差。不管是拍电影还是生产产品或是提供服务，导演必须要清晰地把握自己事业的核心所在，而且要有长远的规划，在完成某一项目后还要以革故鼎新之势去寻找新的机遇。

当然，万事开头难，对于导演来说也是如此。争取项目、营造创新氛围、孵化新鲜想法，这些奠基性的工作都不是空口白牙说出来的。导演与其他人员最大的不同之处在于他要去激发团队、组织团队，让团队凝聚起来去发现战略性的机遇，去大胆地进行创新实验。

好莱坞有这样一句话：“导演90%的工作都是在调动演员。”伟大的导演能够带出一支不需要命令指示、高度自觉的团队。导演应有四两拨千斤之力，不用大发雷霆就可以让团队成员各司其职、发光发热。

寻找关键切入点

IDEO的戴维·海古德（David Haygood）经常担任导演的角色，而且做得非常好。他认为要想推动创新项目取得成功，就必须和关键人物有面对面的交流和沟通。海古德和他的团队总是能约到那些最不好约的人物来面谈。我们都明白，把两个公司的高管聚到一起开会可不是那么容易的事，要协调好他们的档期很困难。打电话、发邮件这些传统的方法基本不奏效，但是优秀的导演总是能够想出办法。

不久前，海古德和一家汽车公司的高管进行了简单的会面，双方谈得特别融洽，那家公司决定聘请IDEO做一个创新汽车内部装饰的项目。海古德在会后偶然得知那位高管一周后要去拉斯韦加斯参加汽车行业大会。一般人可能置若罔闻，但在海古德看来，这却是一个绝好的机会。

海古德坚信，要想把客户关系提升到一个新的高度，就必须由IDEO高管亲自出面和汽车公司的那位高管沟通。但是这么高级别的会晤一般要花几个月才能实现双方档期的对接。可就在第二周，海古德说服了我们的首席执行官蒂姆·布朗和他一起去了拉斯韦加斯。在没有预约的情况下，海古德冒着很大的风险。因为他很可能不仅让自己难堪，还会让自己的老板颜面尽失。（之前在通用电气工作时，我就目睹了我的导师因为同样的原因被炒鱿鱼。）事实上，那次会议是汽车行业的内部会议，蒂姆和海古德甚至连门都没进去。

但凭着坚忍不拔的毅力，或者还有那么一点运气，他们俩还真找到了想见的人。汽车公司的那位高管很意外，但是也很惊喜，他还邀请海古德和蒂姆去会客厅喝了一杯。这次会晤很成功，两家公司的关系更近了，我们合作的项目也得以大踏步前进。汽车公司的那位高管也为能和蒂姆当面沟通而感到很高兴。

我并不是建议大家也效仿海古德在毫无计划的情况下飞去千里之外碰运气，但他的精神却值得我们学习。我们都知道找工作时寄一份平淡无奇的简历，获得面试机会的概率几乎为零，在维护客户关系时也是如此。因此我们要多动脑子，设法和客户方的关键人物多进行面对面的沟通。我打赌海古德肯定也担心得夜不能寐，但他终究还是成功地迈出了这一步，而且是至关重要的一步。

集体讨论很重要

在世界各地作演讲时，观众最爱提的关于创新的问题就是，“我们要如何开始呢？”创新看起来很复杂、毫无头绪，很多公司就是迈不出第一步。如果你恰是创新的总导演，那么我建议最好的做法就是进行集体讨论，让大家畅所欲言，献计献策。

为什么要这样呢？因为这样做不仅很有意思，而且还能鼓舞士气，传递正能量。在讨论时一定要把门槛降低，从而让尽可能多的人参与进来。在初始阶段还应注意要选择一些能够起到立竿见影效果的问题来讨论，这样就能慢慢地营造一种集体讨论的文化氛围，从而也就踏上了通往创新的阳光大道。

下面分享一个很简单的做法。选择一些话题，既可以是关于减少顾客排队等候时间的，也可以是充分利用闲置办公空间的，并就这些话题开展一些集体讨论。不必太在意话题的选择，因为初始阶段的目的是熟悉这样的一种方法并提高讨论的效率，之后可以逐渐引入一些比较严肃的重要话题。

集体讨论的频率可根据情况自己把握，可以每周一次，选择在午餐时间进行，也可以每天都讨论，但一定要坚持实行6个月。选择一位自信、活泼的主持人。之后找5~10位背景各异，最好是思维活跃、善于表达的参与者，还要包括至少两位新人。讨论时为大家提供比萨或者三明治，最后再提供一些巧克力豆和曲奇饼作为奖品。（我很崇尚健康食品，但有些时候这些高热量的食物能起到调动大家情绪的作用。）还有一点也很重要，就是在屋子里备好彩笔、便笺和其他一些可以随手记录想法的小工具。

作为团队的领导者，你必须在一开始就向大家表明你全力支持新项目的态度。我还建议你每次讨论都要参加，但不要久留，因为高管在场很可能让大家感到拘束。你本来想通过分享自己的见解为项目出力，但结果往往南辕北辙。

我还建议简要地读一下我在《创新的艺术》一书中详细阐述的集体讨论的基本原则。记住，熟能生巧。开始时肯定会有冷场的尴尬局面，但不要灰心。有的人生来就不适合做这种集体讨论，而有些人在这方面的潜能则需要慢慢开发。会有三两个人在这种形式中逐渐脱颖而出，引领着大家通过讨论提炼出真知灼见。

集体讨论不仅仅能够激发新的想法和创意，还能够营造一种创新的、机敏的企业文化。集体讨论对于企业的意义就相当于锻炼对人体的健康一样至关重要。斯坦福大学的教授鲍勃·萨顿曾对集体讨论的益处进行总结，下面列举我认为最关键的三点：

○ 整合企业资源

每个企业都有一些经验十分丰富的优秀员工，但他们不可能有足够的精力参与到每一个项目中。比较可行的做法是请他们参加一次时长一小时的集体讨论，充分挖掘他们的经验和知识。集体讨论可以使过去、现在和将来的各种可能都一目了然，并从中探讨出可行方案，这样就把企业的各种资源融合到了一起，从而提高企业应对问题和挑战的能力。

○ 让人变得明智

“03 嫁接员”章节中曾经提到，真正的智者能够在充分自信和善于倾听之间保持完美的平衡。频繁地参加集体讨论能够让人意识到天外有天、人外有人，从而变得更加谦虚，更加善于倾听他人的意见，最终成为真正的智者。

○ 树立个人品牌

集体讨论不仅有趣，而且这种畅所欲言的氛围还会给每个人以发光发热的机会。跨专业的集体讨论更能让人看到自己专业领域之外的人是如何工作和进步的，这能够拓展人的视野。能够在激烈的集体讨论中脱颖而出的人会赢得他人的关注和尊重，这也是树立个人品牌的绝好机会。

集体讨论是创新的强大引擎

集体讨论的 7 个秘诀

1. 找到焦点

一定要先明确提出讨论的话题，可以是开放性的，但要避免过于宽泛。关注顾客潜在的需求或改善服务中的某一环节都是不错的选择。比如，“对于那些第一次使用我们产品的顾客，我们如何更好地了解他们的用户体验”是一个很不错的话题，很多公司都可以拿来试一试。

2. 严明纪律

我们把集体讨论的规则和纪律刻在了很多会议室的墙上：想法多多益善、想法一定要大胆、追求形象具体、避免妄下定论、杜绝插言等。即使公司文化是比较随意和自由的，这些基本原则也有其存在的必要性。

3. 给想法编号

给想法编号能够起到激励与会者的作用，还能够提高讨论的效率和规范性。如果集体讨论能够以每小时100个的速度产生想法，那就相当不错了。如果有了这样的一个比对，即使在提出第94个想法后所有人都精疲力竭，人类的本性也会驱使大家再加把劲儿，力争达到之前每小时100个想法的速度。

4. 跳跃话题

各种集体讨论都会遭遇高原反应，本来各种想法层出不穷，但突然就变得思路阻塞、重复拖沓。这时候就需要有人出来协调引导一下，可以继续讨论之前形成的比较不错的想法，这样就能保持大家的积极性，保证讨论得以进行下去。

5. 让想法形象化

充分利用周围的空间环境能够大大提高集体讨论的效率。可以使用马克笔、便笺纸等工具把想法具体详细地写出来，然后贴在屋子里显眼的位置供大家分享。这样做的好处是一旦谈论偏离正题，这些东西可以让大家步入正轨。

6. 做点热身运动

请参会者在前一天就所要探讨的话题做一些功课，在正式讨论前可以先做些活跃气氛、清理思绪的文字游戏。我们通常会做一些随机的文字接龙，就像运动员需要做些伸展运动一样，脑力工作者也需要热身。

7. 随手做模型

为方便大家随手画图形、制表格、做模型，我们每次开会都会准备泡沫、管子、胶带、胶水等材料。如果效果好，讨论结束时就可以完成初步的模型。

响亮的名字传四方

集体讨论其实只是导演众多工具中的一个，还有一个经常被轻视的工具是名字。给团队或项目起个恰当的名字会让其增色不少。比如，我们将Palm V个人数字助理命名为“剃刀”，这样就突出了新产品轻盈优雅的特点；一家跨国公司想重塑品牌形象，我们将这个项目命名为“绿屋”；一家日本公司计划打入新的市场，我们称其为“琥珀鱼”。项目名称确定之后，最好再设计一款相应的T恤，这样更能增强队伍的凝聚力。

不论是给产品、项目还是图书命名，往往都不是一蹴而就的。在最终确定一个名字前，通常会淘汰掉很多个。可以尝试把你最想给受众创造的体验讲出来或写出来，之后再验证你取的名字是否符合其核心要义。

历史的经验告诉我们，一个朗朗上口的名字会对营销产生很大的助益。没人记得“无钩按钮”是什么，但是在古德里奇公司（Goodrich）在20世纪20年代将其命名为“拉链”后，不仅响亮的名字不胫而走，而且市场也跟着广阔起来。据说公司的总裁曾经说道：“万事俱备，我们只欠这样一个能够抓住产品本质的、传神的名字。拉链，这个名字再好不过啦！”

有的名字听起来又土又怪，却也能产生神奇的效果。我在俄亥俄州长大，当地有家以生产花生酱和果冻闻名的“斯马克公司”（J. M. Smucker），它的宣传语就是“有这样的一个名字，味道肯定错不了”。[①]这名字虽然土，但却很有吸引力，特别是对钟爱花生酱的美国人来说，很容易勾起人们童年时的美好回忆。

有的名字听起来甚至很吓人，但还是会带来意想不到的效果。加利福尼亚每年都会举行一场自行车大赛，参赛选手需骑行129英里并穿越4个山口。20年前，只有少数发烧友参加。但组织者决定把比赛的名字改成“死亡骑行”（Death Ride），而恰是这个让人不寒而栗的名字吸引了大批乐于迎接挑战的选手前来参赛。现在每年都有6 000多人来申请仅有的2 600个名额，火爆得不得了。而所有这一切都得益于让人毛骨悚然的名字。既然名字的威力这么大，所以还是值得花点时间和精力进行一番研究的。

我曾遇到过一些靠帮人起名谋生的人，他们的工作既微妙又有趣。马克·埃尔森就是其中之一，他就职于位于萨索利托[②]的西摩（Simmer）品牌咨询公司，他所在的团队曾经起过许多成功的名字，比如黑莓（Blackberry）、易速洁（Swiffer）、奔腾（Pentium）、安吉星（OnStar）和斯巴鲁傲虎（Subaru Outback）等。马克说：“起名既是科学，也是艺术，还需要灵感，同时还应具有诗意的浪漫。”

> 即使你的汽车还未投产，Viper这个名字也会让人觉得比Lumina快很多。

不仅名字有深刻的意义，就连名字里面的字母都有各自独特的内涵。专业人士会告诉你，像v和z这样的辅音代表速度，而在字母表中比较靠前的l、m和n则给人更加悠闲的感觉。这对于给汽车起名具有很大的指导意义。即使你的汽车还未投产，Viper这个名字也会让人觉得比Lumina快很多。

① Smuck与Smack谐音，后者指吃东西时发出的声音。——译者注

② 萨索利托（Sausalito），美国小镇，位于旧金山湾旁，是旧金山湾区最古老的社区之一，也是世界各地航海者们钟情的目的地。——译者注

对于所有的产品和服务来说，名字都是有重要意义的。我们坚信任何值得做的事情都值得我们给它起一个恰当的名字。所以除了上文提到的给项目命名之外，我们还给许多地点、许多角色等都赋予了好听的名字。在过去的近30年中，IDEO参与了许多拥有响亮名字的项目，而这些名字在产品推广的过程中都起到了巨大的作用。

优秀的导演会让给团队、产品和服务命名的过程变得充满乐趣。切勿满足于一个平淡无奇、中规中矩的名字，一定要有想法、有创意，语不惊人死不休！

你也着手试试吧！

抓住当下

IDEO拥有一种富足心态，坚信社会上的优质服务是供不应求的，因此我们大有可为。但是在2000年经济衰退之时，我们帕洛阿尔托分公司的一位管理者蒂姆倍感压力，因为公司的业务寥寥可数，已经到了揭不开锅的边缘。在绝大多数专业的服务公司中，开拓业务都是高级合伙人的职责，但是蒂姆鼓励自己的团队成员一起睁大眼睛寻找潜在的业务。帕斯卡·索博尔24岁，是蒂姆手下的年轻工程师，之前没有任何业务拓展方面的经验，却给公司拉来了一笔大订单。帕斯卡利用午饭的时间去了离公司不远的戴姆勒-克莱斯勒加州研发中心，因为他是德国人，所以就用德语和中心的接待员聊起了自己在斯图加特成长的经历。帕斯卡知道戴姆勒有美德两国间的次日送达快递业务，所以还请他们帮忙给身在德国的父亲捎了点东西。帕斯卡的父亲恰巧曾经也在戴姆勒工作过。

慢慢地，大家熟络了起来，帕斯卡在研究中心结交的人也越来越多。一天，帕斯卡回到公司对蒂姆说："我安排了一次和戴姆勒-奔驰的见面会。"之后IDEO团队给对方的管理层做了展示，戴姆勒当场决定让IDEO来做他们目前的两个项目。这一切都应当归功于一个刚刚走出校门的初级工程师的自信和智慧，凭借自己的德国血统和客户拉近了距离、建立了感情。而帕斯卡在这样做之前根本没有申请许可，他的老板直到帕萨卡通知他参加与市值百亿美元的戴姆勒公司的见面会时才知道这一切。

公司里能有几个这样的人，那可真是公司的大幸。如果有这样的人，你公司里的导演能够给他这样的机会去证明自己的勇气和才干吗？你又打算怎样鼓励这样的金子去发光呢？

以人为本

在IDEO这样以做项目为主要业务的公司中，导演面临的一项十分重要的任务是为项目团队分配恰当的资源。要实现人尽其能、物尽其用可不是一件容易的事儿，但这对整个公司的健康与活力是十分关键的。对于许多公司来说，为项目安排人力和资源的会议不仅决定着项目能否成功推进，还决定着很多人职业生涯的发展。你的公司里也许有很多不错的创意，但这些想法最终是要通过配备精良的团队来落实的。

虽然IDEO很久以前就已经明白了这个道理，但现在依然在不断改进每周召开的资源分配会议。要提高类似会议的效率，有以下几点建议可供大家参考：

第一，放弃封闭的会议室，选择一个开放的空间来开会。这样就能吸引更多的人来参会，而且显得透明、轻松和随意，有助于消除大家的焦虑和紧张。

第二，指定2~3人来领导会议。首先要有主持人，确保大体方向正确。其次要有记录员，记下会议的决议。最后还要有调解人，解决争端，推进会议正常进行。

第三，提供丰富多样的展示工具。IDEO开会时会使用白板、海报、布告牌、投影仪等来营造一个适于互动的环境。也许某天一个高科技的产品可以把这些工具统统取代（就像电影《少数派报告》（*Minority Report*）中汤姆·克鲁斯所用的工具一样），但在目前的技术水平下，将这些工具和计算机系统结合起来虽稍显烦琐，但却效果良好。

明智的公司从不为员工设定发展的范围，因为许多人除了本专业以外还有多方面的才能，将这些才能充分发掘出来，于公司而言也是一笔宝贵的财富。爱好摄影的员工可以充分发挥自身特长，为项目建立一个影像库；骑行发烧友则可以加入与运动健身相关的团队，为项目献计献策。

我们尽力让完成项目的过程更加人性化，时刻提醒自己不应机械地把员工塞在各个岗位，我们所做的安排会影响到他们的事业发展和生活幸福。人力资源大师丽莎·斯宾塞（Lisa Spencer）有个绝妙的主意——把员工的照片固定在磁铁上，照片背面还附有员工姓名、专业、职位和其他方面的信息。这样一来，开会时就可以很方便地把照片移到相应项目下面，这就让我们每周的资源分配会议更加形象、更有人情味儿，也有利于优秀团队的建设。

对于灵活、不断变化的公司来说，每一次资源分配会议都是不一样的。一些会顺风顺水、进展顺利，另一些则很可能遭遇暗礁浅滩、停滞不前。其实可以把每次会议都视为一个制造模型的过程，不断反思哪些环节做得好，而哪些却出现了问题。在争取公司整体利益的同时，还应考虑每位员工个人的进步。要实现人尽其能真的没有那么简单。可是一旦做到了，回报会是十分丰厚的。

设定目标

在开启创新项目之前，一定要设定一些目标，对公司可能向项目给出的投入有一个预期。试着回答下面7个问题，你就能够在纷繁复杂中理出一些头绪。

- 公司对成功的创新项目是如何定义的？
- 公司对创新项目的资金支持政策如何？
- 公司能提供多少资源（空间、技术等）来支持你的项目？
- 利益相关方多久开一次会来跟进你的项目进展情况？
- 每年能够组建多少项目小组？你多久能组建一个这样的团队？
- 你能为团队成员争取多少后勤方面的保障和支持（比如，专心投入本项目的时间、制作模型的工具和管理层的支持等）？
- 参加你的项目能给队员带来何种回报？

如果你在回答以上问题时比较纠结，就证明你的项目缺少所需的各种保障。好导演会尽力为团队争取到各种可能的支持。要想成功做成创新项目，先去说服领导，获得财务等各方面的保障吧！

慧眼识机遇

导演的职责之一就是合理地配置资源。有时候，某些任务实在过于富有挑战性，超出现阶段能力和资源之所及。而这时恰是创新发挥魔力的时机。瞄准任务的某一关键部分集中攻破，找到了这样的一个突破口，四两拨千斤就不是空谈。

一提到巴西，人们想到的都是美丽的海滩、了不起的足球运动员和茂密的热带雨林，很少有人会把这个南美国家与领先世界的科技联系在一起，也根本不会想到巴西政府和业界会投入巨资打造了今天世界领先的基因研究中心。20 世纪末，巴西政府做出了一个明智的决定，将生物技术研究的重点放在了一种相对简单的细菌上。这种叫作叶缘焦枯病菌（Xylella Fastidiosa）虽然仅含有3 000对基因组，但却是导致巴西橙病害的罪魁祸首。测序很快完成了。这样一个恰当的突破口又带来了一系列连锁反应，在此基础上，巴西接下来还解决了危害加利福尼亚葡萄园的一种害虫的基因测序难题。

巴西采取了一项新颖的基因解码战略，很快又完成了甘蔗的测序，在2002年又向咖啡豆进军，于2004年完成了咖啡豆的基因解码。巴西的时任农业部部长骄傲地宣称："这让我们在咖啡豆基因解码的赛程中领先了至少20年。"他还预言巴西将创造一种席卷全球的"超级咖啡"。

这对于巴西来说是一项巨大的创新工程。巴西价值33亿美元的咖啡产业为国家创造了850万个就业岗位。有意思的是，巴西对转基因作物下了禁令。但是巴西确定了决定咖啡芳香、味道、咖啡因和维生素含量的基因，有能力培育出更加优良的品种。这也会给巴西带来领先世界的优势。

项目初期，巴西选择了橙子和葡萄病害细菌测序这种难度适中的项目，突破口打开后就势如破竹，不可阻挡。这对于导演来说是很值得借鉴的做法，选择一个实际的突破口，脚踏实地，一步步向前推进，创新其实离你并不遥远。你也可以潜心想想，寻找自己领域中的突破口。

小睡促成功

担任过导演角色的人都知道，集体讨论最容易碰撞出火花的时间是在早上，因为这时人们的能量和创造性都处于巅峰状态。最近我们突然想到，中午打个盹儿，那么下午不就又多了一个巅峰吗？虽然还没有做过科学论证，但这个问题值得进行一番研究。历史上好多伟人其实都有午睡的习惯。

丘吉尔每天上午工作5个小时，吃一顿丰盛的午餐后睡一小觉，之后又精力充沛地投入到各种工作和会议中，有时一直持续到深夜两点。爱因斯坦说午睡能够起到提神醒脑的作用，让他更有创造力。钢琴家布拉姆斯会在琴边睡一会儿，而达·芬奇则会在作画间隙打个盹儿。

中午好好睡上一小觉，就等于又多了一个清晨。这样每天就有两个精力充沛的巅峰时刻了。

虽然现在绝大多数的公司还都不接受午睡这种做法，但科学已经站在了这一边。美国航空航天局就相信午睡的魔力。此外，还有若干研究也都证实了这一点。哈佛大学的一项研究表明，午睡不仅可以减轻信息超载给人带来的不适，还可以提高大脑的学习能力和记忆能力。

我是午睡最坚定的倡导者，也感觉到特别幸运，因为无论什么时候需要休息，我都能倒头就睡。20分钟是最好的长度，既能起到提神醒脑的作用，又不至于因为睡得太多而反应迟钝。

有时为了能以良好的状态参加重要会议或谈判，最好的做法就是睡上一觉。联合太平洋公司[①]把午睡称为“疲劳管理”。过去在铁路上工作的人是不允许睡午觉的，但现在午睡却成为一项减少事故的有效措施。

雅德金属公司（Yarde Metals）总部位于康涅狄格州布里斯托市，总裁克雷格·雅德（Craig Yarde）几年前发现，有些雇员会在车里或者座位上蜷缩着睡会儿。雅德并没有解雇这些人，也没有群发愤怒的邮件，而是把大家召集到一起，问他们是否需要一个专门用来午睡的房间。大家喜出望外，答案当然是肯定的。于是公司内就多了个设有活动躺椅的休息室，供大家随时使用。

与其相比，IDEO要逊色一些，但是不久前我们重新装修办公室的时候专门开辟了一片空间供大家打游戏、看电视或睡觉。这一举措大受员工欢迎，第二天

① 联合太平洋（Union Pacific），美国最重要的交通运输集团。——译者注

我就看见有人在里面睡觉。

已经有嗅觉敏锐的人发现了午睡中存在的商机，纽约就有了专门的“午睡宾馆”。午睡已然成了一种时尚。从生理角度来说，午饭之后人体会自然出现一段时间的倦怠，你可以用咖啡来抵抗，但很多情况下最佳的方式就是睡上10~20分钟。

约翰 · 肯尼迪、巴克敏斯特 · 富勒和爱迪生都十分喜欢白天睡觉

如果你还觉得白天睡觉有点奇怪的话，就再想想尼古拉 · 斯特拉[1]。据说他晚上有时只睡两个小时，全靠白天见缝插针地小憩来弥补。爱迪生、撒切尔夫人、约翰 · 肯尼迪和巴克敏斯特 · 富勒（Buckminster Fuller）也都有白天睡觉的习惯。

放下偏见，午睡会成为你前进的强大动力。特别是对于从事创意工作的人来说，午睡的魔力更加神奇。而导演在领导团队的同时也一定要考虑到帮助队员恢

① 尼古拉 · 斯特拉（Nikola Tesla），世界知名的发明家、物理学家、机械工程师和电机工程师。他被认为是电力商业化的主要推动者，并因主持设计了现代广泛应用的交流电系统而闻名。——译者注

复元气和精力。这样做的成本可以忽略不计，但收获却是丰厚的。我认识的几位作家在写不下去的时候都会选择睡一觉。梦醒之后，就会再次文思泉涌了。

接受我的建议吧，诚不欺君。

我们一起来“深潜”

多年以前，IDEO的业务还以产品开发为主时，我们就开始做一项叫作“深潜”的事。这样做的目的是全心全意地投入到实地观察、集体讨论和模型制作当中，以便为项目创造良好的开端并加速创新的过程。在“深潜”的过程中，团队会暂时放下其他工作，一心扑在相关的项目上。我们做得最出名的一次就是接受美国广播电视公司的挑战，在4天之内设计一款购物推车。那次共有1 000万观众收看了我们的节目。

发展至今，我们的导演发现了“深潜”的另一个好处。随着我们的工作变得越来越复杂，而且合作公司的规模越来越大，我们发现“深潜”可以更好地把大家凝聚在一起。就像伦敦分公司的莫拉 · 谢伊所说，“深潜”有助于凝聚团队的共识，而这一点是与萌生新想法和新创意同样重要的。

项目成员能够率先接触到新鲜的想法，因为他们亲身参与了整个设计过程。简单地说，“深潜”能够激发好的创意，并促进这些创意的落实。深度的合作与共处能让大家不分彼此，坦诚相待，给大家带来审视问题的全新视角。问题就从是否要改变，变为如何去改变。

导演深谙通过“深潜”凝聚共识、建立感情的重要性，因为毕竟人类是感性动物。我们做的不仅仅是生产更好的产品、提供更优质的服务，我们还担负着改变人们行为与态度的责任。而后者才是创新当中最关键的环节。

以了解促忠诚

最近我有幸见到了大都会集团[①]总裁罗伯特·本默切（Robert Benmosche）。为了和员工进行更多交流，本默切会定期召开大会。他对员工说："我对大家了解得越多，大家越有可能给我提供反馈，甚至对我进行批评。"大都会的员工确实也这样做了，不仅给总裁以反馈，还会向他提出各种富有挑战性的问题。有多少高管能有这样的胸怀和自信呢？又有多少高管能把大块的时间用来和普通员工开大会并听取大家的批评呢？大都会的这种做法收到了明显的成效，销售额增加了，员工士气提高了，2000年的时候公司还成功上市，并且在熊市之中让股价翻了一番。有谁能说本默切的员工大会是浪费时间的无用之举呢？本默切明白，加强与团队的联系看似一件虚无缥缈的事，但从长期来看却能带来切切实实的好处。

你的公司里有没有一两个导演呢？他们是创新的催化剂，对于一个公司的发展来说，具有重要的作用。每个人都应当对创新承担一定的责任和义务，但如果能有一两个全情投入、总揽全局的导演来掌舵导航，那是再好不过的了。

你能担负起公司或者项目团队里这样的重任吗？其实并不需要正式的任命或授权，通过大家的口口相传，很快公司上下就都知道你对创新和新想法怀有很大的热情和兴趣，想有所作为的人就会主动登门找你了。

① 大都会集团（Metlife），美国领先的保险及其他金融服务提供商，美国最大的人寿保险提供商。——译者注

07　用户体验设计师

不论规模大小，绝大多数公司的附加值都来源于其提供的用户体验。

——汤姆·彼得斯[①]

有机会你可以去沃达丰[②]里斯本分公司转转，透过办公室的窗户可以看到一片波光粼粼的水池，水池上矗立着一个边长为 4 米的立方体。立方体的一面可以播放足球赛，另一面可以展示新项目，更神奇的是，只要你按动手机上的相关按钮，就可以在立方体朝上的一面写字、画画儿，甚至玩游戏。

如果你几年前去过纽约的当代艺术博物馆，就能体验到神奇的“私人天空”。你会被带到一个充满未来主义色彩的白色房间，拨通一个号码，你头上的“私人天空”就变成电话那边朋友头上天空的真实情形了。这种技术能够让你体验到未

① 汤姆·彼得斯（Tom Peters），顶级商业布道师，在美国乃至整个西方世界被称为“商界教皇”，代表作《追求卓越》（*In Search of Excellence*）被称为“美国工商管理圣经”。——译者注

② 沃达丰（Vodafone），世界最大的流动通信网络公司之一。——译者注

来远程通信的一种新理念。

数字立方体和私人天空仅仅是体验设计师伟大创造力的两个简单例子，这群人不知疲倦地日夜钻研，融合能够激发多种感官的设计，只为给用户以卓越的体验。这里面的设计师是广义的，因为他们设计的客体可大可小，使用的材料也千奇百怪，有时是原子，有时是电子数据。

优秀的体验设计师会通过自己设计的产品、服务、办公空间、活动等来赢得客户的信赖。他们的设计不仅为用户服务，也为公司内的员工服务。他们营造的体验总是能鹤立鸡群，因为他们能把你从雷同的商品和服务中解救出来，调动你的触觉、听觉、味觉、嗅觉等多种感官，就如同为你烹制了一顿珍馐盛宴。

沃达丰的数字立方体设计十分精妙，你可以用自己的手机与其实现互动，享受非比寻常的神奇体验

其实，要成为用户体验设计师，你不需要拥有帕萨迪纳艺术中心[①]的工业设计学位，也不需要成为耶鲁大学的建筑学硕士。我家旁边就有一家欧式风格的咖啡店。这家夫妻店紧邻一个独立的小书店，囊括了卓越用户体验所应具有的一

① 帕萨迪纳艺术中心（Pasadena' Art Center），世界著名的设计学院，该校的工业设计专业是全美声望最高的科系。——译者注

切特点，同时又显得随意而自然。店员在桌子间穿梭，虽然忙碌，但是充满了亲切之感。菜单都是用彩色粉笔写在黑板上，而且每周都会更新。咖啡馆地处市中心，每天客流量很大，既有斯坦福的年轻学生，也有白发苍苍的老人。聊天声、辩论声、咖啡机的声音，还有店外喷泉的声音交织在一起，好不热闹。店外还有个砖砌的小广场，是享受加利福尼亚阳光最好的去处。虽然小店并没有一个用以招徕顾客的极其突出的特点，但是这些温馨的细节凑在一起就显得特别完美。这家店的名字叫博罗恩咖啡馆（Borrone Café），店主罗丝和罗伊不太像读过设计专业的样子，但明显具有优秀用户体验设计师的潜质。如果想给周日下午找个好去处，那就非他们的小店莫属了。

IDEO曾经为客户做过许多次成功的活动，创造了卓越的用户体验。我最爱讲的一次活动，是为实耐宝[①]安排的一次戏剧表演，这听起来有点不可思议，但我们的团队在保罗·班尼特和欧文·罗杰斯的带领下，为客户呈现了一场可与装置艺术媲美的盛宴。我们租了一个废弃的汽车修理厂，大家把自己珍藏的经典爱车开到了厂里作背景陈列。入口处被漆成了黑色，并有布告说明表演的具体形式。然后，顾客就开始了从一个车间到另个一车间参观表演的奇妙之旅。顾客看到了摆放在油桶上的各种模型，还有我们拍摄的各种视频。视频中的多位技工表达他们对精良工具的喜爱。整个表演看完，实耐宝和我们都觉得热血沸腾，对公司未来的发展充满了希望。

保罗·班尼特是我们最有天赋的体验设计师之一，他的理念是最好的用户体验要自然真实不做作。优秀的体验设计师相信，为顾客营造卓越的体验不仅仅是一笔生意，也是一种缘分。他们把世界看作一个舞台，努力把自己营造的移动的盛宴更贴心地送给观众。此外，他们还有一双能够发现美的眼睛，并能深受启

① 实耐宝（Snap-on），世界最大的专业工具及设备制造商之一。——译者注

发，最平淡无奇的事物也会被他们视为珍宝来研究。

> 用户体验设计师总是能拒绝平庸，追求卓越。

当一个人完全进入体验设计师模式时，他观察世界的角度会变得简单而纯粹，能够入他法眼的只有那些平庸甚至糟糕，但是大有改进空间的用户体验。体验设计师视平庸为死敌，他们的任务就是化腐朽为神奇。如果你也想成为如此专注的体验设计师，不妨从思考一些简单的问题开始着手，比如公司客服热线的服务能让用户满意吗？第一次来消费的顾客会得到满足吗？其实同样的方法也可以用在服务公司内部员工上，可以思考一下：公司为奋斗在一线的员工所准备的午饭可口吗？第一天来上班的新雇员会对公司有什么感觉呢？通过思考这类问题，就可以从中找到可以改进的突破口，从而化平庸的体验为神奇的经历。这样做会不会成本很高呢？大可不必多虑。问问联邦快递（Fedex）、卡拉威高尔夫（Callaway Golf）、捷蓝航空（JetBlue Airlines）和玩具生产商美国女孩（American Girl）等，你得到的答案会是，改善用户体验的一切成本都会加倍变成收益，一切都是值得的。

小体验，大不同

IDEO曾和高校合作，探寻改善学生课堂体验之道；也曾和医院合作，努力想办法减轻分娩的痛苦；还曾和无数的公司合作，致力于改善产品和服务所带来的用户体验。我们做过的很多成功项目都巧妙地把多种感官融合在一起，从而创造多维的体验。举个例子，一个完美的假期对于很多人来说是最难忘的体验：白天做个SPA放松身心，晚上泡会儿酒吧放飞心绪。这个过程中不仅有视觉的体验，还有听觉、触觉、嗅觉、味觉等多方面的感受。

但是要设计出卓越的用户体验并不一定非得花费很大的成本，有时小小的一步就会产生很大的不同。比如说防冻剂，可以防止散热器生锈，还可以防止冬天汽车无法启动。在旧金山湾区，每个汽配店都以大概每加仑7美元的价格出售防冻剂。各种品牌的防冻剂除了包装颜色和图案有些差别外，几乎是一样的，所以大家也不会花时间去区分。

当散热器里的防冻剂快用完的时候，怎么加满呢？肯定有汽修工人告诉过你，防冻剂和水的比例为1∶1的时候性能最佳。所以你会打开散热器的盖子，往里面望一望，估计一下需要加多少防冻剂。加完防冻剂后，你会随手拿起园子里浇花的水管，再往里加同样体积的水。这是绝大多数人的做法，但这种做法是有隐患的。第一，你目测的体积和比例肯定不精确；第二，散热器加满之后，里面的溶液会喷出来，很有可能会溅到眼睛上。

这可不是什么可圈可点的用户体验吧。几年前，一家十分有创意的公司想到了一个办法，就是出售按比例调配好的防冻剂溶液。这样小小的一个步骤就把所有的问题解决掉了。而新产品虽然含有一半的水，但仍卖7美元，一分钱都没少，也就是说，半加仑的水卖了3.5美元。厂家的利润一下就提高了许多，但是顾客却十分愿意掏钱购买这种产品，从而达到了双赢的效果。有时，帮助顾客做好一个小小的环节，就可以大大改善用户体验。

从这个案例中你是否得到了启发呢？仔细琢磨琢磨，你也可以通过一小步的改进给顾客营造卓越的体验，给自己创造丰厚的回报。

触发点

聪明的体验设计师懂得集中精力解决关键问题。如果你想追求完美，把每个细节都做得无懈可击，那么结果会有两个：一是产品昂贵得超出顾客的承受范围；二是产品毫无特点，沦为平庸。所以一定要找到关键点，一定要搞清楚什么对顾客来说是最重要的。虽然有时你得到的答案可能很微不足道、晦涩难懂、出人意料，甚至不可理喻，但是对于取得成功却是很必要的。你所要关注的也许仅仅是一个或两个关键的元素，我们称其为触发点。

说起来有点可笑，世界上各大高档连锁酒店花了很长时间才发现，在他们所提供的产品和服务中，最重要的因素是床！当然了，外出度假或带家人旅行时，我也很喜欢酒店内的各种豪华设施。但是如果我出差到辛辛那提，很晚才入住，早上 7 点又要出发，那我选择酒店时考虑的就只有床了。当地有很多不错的商务酒店，但是却不尽如人意，害得我 5 天换了 4 家店。威斯汀酒店（Westin）首先意识到了这一点，率先推出了十分舒适的天梦之床（Heavenly Bed）：一层地垫加上两层软垫，柔软的枕头，纯棉的被子，亚麻的被罩。这样一张舒适的床可以掩盖其他各种瑕疵。

而事实就是如此。我最近去辛辛那提出差，在威斯汀短暂地逗留了一夜。我发现墙上的壁纸已经有些脱落，而且卫生间的水池还有了小小的裂缝。但这些于我来说都不重要，我迅速地把自己放倒在天梦之床上，像婴儿般甜美地睡去。其他一些大酒店也开始意识到这一点，例如万豪集团（Marriott）甚至在此方面大有赶超威斯汀之势。在其他因素相同的情况下，我肯定会选一家床最舒适的酒店。所以去找找自己行业中的触发点吧，一定要把这个关键点做得比同行出色，这样才有可能赢得竞争的胜利。

酒店行业还有一个触发点，就是床头的闹钟。我敢肯定，对于商旅人士来说，精准的闹钟要比其他豪华的设施重要很多。但是几乎所有的美国酒店都没有意识到这一点（更不用提巴黎一些要价高达 700 美元一晚的豪华酒店了）。也许这并不是酒店的错，主要是因为现在的收音机闹钟有太多复杂炫目的功能，以至于第一次使用的客人很难研究出怎样设定闹钟。而不幸的是，绝大多数酒店的客人都是第一次使用这种东西。反正我在苦苦研究5分钟而不得其解之后就放弃了，索性拿出行李箱中备用的简易闹钟。为什么酒店中古老的叫醒服务还有市场呢？不是因为客人们恋旧，而是因为该死的收音机闹钟真的不好用。

这绝对是酒店行业的普遍现象。最近汉普顿酒店（Hampton Inn）为了敲定一款简单便利的闹钟而比较了150多种模型，但都没有达到预期，于是他们干脆自己设计。我认为这是家用电器行业的一大败笔。汉普顿去除了附加在闹钟上一切没用的功能，仅保留最基本的叫醒功能。此外，闹钟上仅有几个标志摇滚、爵士和古典风格的图片，用以帮助顾客选择闹钟铃声。客人不仅很喜欢这款闹钟，而且还有许多人提出要买一个带回家。我不清楚汉普顿的床怎样，但他们却找到了另一个关键的触发点，让客人睡得更安心，不用担心第二天早上狼狈地迟到了。

> 有没有想过为什么酒店还有叫醒服务呢？并不是因为顾客喜欢这项传统，而是因为房间里的收音机闹钟太复杂了，真的不好用。

要改善用户体验，有时你要做的仅仅是找到一两个触发点就可以了，这样就能够牵一发而动全身，产生意想不到的效果。

汉普顿比较了市面上的各种收音机闹钟，都不满意，于是干脆自己着手设计

如你所愿

相较于改善一款简单的产品，用户体验设计师在改进商店用户体验时往往有更大发挥的空间。我们来看一个冰激凌的例子。美国的冰激凌产业已经高度成熟并模式化，基本没有什么可创

造的空间，像芭斯罗缤（Baskin Robbins）和奶品皇后（Dairy Queen）这样的行业领头羊的销售额都已经很多年没有太大增长了。但是来自亚利桑那州坦佩（Tempe）的酷圣石（Cold Stone Creamery）却一路高歌猛进，将1 000多家混合冰激凌连锁店开到了全美各地。酷圣石卖的不仅是冰激凌，更重要的是一种体验。酷圣石也十分清楚自己的优势所在，因此致力于营造“终极冰激凌体验”。

吃个简单的冰激凌，就能有如此不一样的体验。酷圣石不仅轰动一时，赢得了良好的口碑，而且增长速度也十分惊人

如果你去过酷圣石的门店，就知道他们是怎样运营的了。各种新鲜的冰激凌整齐地摆放在陈列柜里，你可以根据自己的喜好选择相应的口味；之后再去搭配各种配料，有各种水果、糖果和巧克力糖浆，想吃什么选什么；然后会有一位私人大厨挥舞着两把闪闪发亮的铲子将你选好的食材搅拌在一起，最后放在一块光亮冰凉的大理石上，你的专属冰激凌就完成了。整个过程特别有意思，孩子和父母一起动手，都十分享受这一过程，有时伴随着厨师挥舞铲子的节奏，大家还会哼起小曲儿。用不同的方法将几十种冰激凌和配料进行组合，总共可以搭配出几千种不同的口味。酷圣石在广告中这样宣传：“这里值得你沉迷和放纵，因为在

这里大理石就是画板，你就是艺术家。”

我认为值得肯定的是，酷圣石的管理层十分清晰自己的思路，就是要把冰激凌卖成一种体验。原料很重要，但是起决定作用的却是体验。这也说明另外一个道理：优秀体验设计师手里的原材料和他人并无差异，但是他们却能独具匠心地加入一些与众不同的、值得回味的元素。也许酷圣石并不完美，也不是开天辟地的拓荒人——其实在大理石板上混合冰激凌的做法和公开制作寿司的思路基本一致。但是这并不影响酷圣石取得成功，而且其中的道理也不仅限于甜品，期待更多的餐饮企业能够将一成不变的吃吃喝喝变为新鲜有趣的体验。

再举一个早餐的例子。营养学家不断告诫我们，早饭是每天最重要的一餐，应该提高对早餐的重视程度。于是就有食品公司推出早餐玉米饼、早餐三明治和早餐曲奇。但我觉得仍然有很大创新的空间待我们去开发。虽然大家都明白早餐的重要性，但美国人花在早餐上的平均时间只有6分钟，而且这6分钟内还在做其他的一些事。毫不夸张地说，我可以在一分钟之内做出一碗麦片。即使这样，还有食品行业的专家跟我说，其实麦片还是不够方便，因为它不能外带，开车或走路时都不能吃。这就是我们对待一天中最重要一餐的态度吗？如果人们愿意排长队去买咖啡或者冰激凌，那就肯定会有人愿意把更多的时间投入到早餐上。因此这个领域的潜力是十分巨大的。如果你恰巧在食品行业，那就承担起用户体验设计师的重担去探索吧。如果你能够创造一种美好的早餐体验并成功推广，市场潜力肯定是惊人的。

包装亦重要

很多产品和服务在发展到一定程度之后就止步不前了，其原因是它们所在的行业开始对现状扬扬自得，不再主动寻求创新。对于这样的行业来说，需要一个优秀的用户体验设计师来改变现状。要明白并不是顾客没有注意到你的缺陷，只是他们没有指出来而已。

举个油漆罐的例子。几十年以来，大家都知道油漆罐是个令人讨厌的东西：不好打开，不好拿，密封不好，时常会漏，有时盖子生锈了还会给雪白的墙壁蹭上难看的棕褐色。总之，油漆罐的缺点太多了。但是，自1810年锌罐问世一来，在此基础上制作的油漆罐几乎没有改变过。

几年前，终于有两家公司开始谋划改善用户使用油漆的体验。荷兰小子公司（Dutch Boy）首先开始着手改造油漆罐。他们用塑料代替了金属，用立方体代替了圆柱形，这样一来，不论是装运、储存还是使用油漆，都便利了很多。他们给罐子装上了方便手握的把手，这样就能避免消费者的手掌被原来的铁丝割破。轻轻一拧罐口就可以打开，再一拧又可以关上，而且密封性好，这样消费者就可以储存剩下的半瓶油漆了。还有一个亮点就是新加的壶嘴，这就使得往外倒油漆变得很容易，而且又不易滴漏。所有这一切都极大地改善了用户使用油漆时的体验，而且根本没有用到尖端科技。但是为什么这么多年才有公司开始做这样的尝试呢？

创新是件很神奇的事，一旦有一家公司踏上了这条路，它的竞争对手就会群起而效仿，开始对同一产品的其他方面进行改进。我们要提到的第二家油漆企业就是这样。本杰明·摩尔公司（Benjamin Moore）受到了荷兰小子公司的启发，开始对粉刷的另一方面进行创新。仅看样品的颜色很难确定它是否适合自家房子的风格，所以通常需要把各种颜色的油漆都买回一些，但这却是一种极大的浪费。前不久我家重新粉刷了一下房子，为了找到合适的颜色，我们买了7夸脱[①]的油漆来进行试验，而我和妻子却觉得第一种最好。剩下的6夸脱油漆怎么

① 夸脱（quart），容量单位，1夸脱=1.136升，主要于英国、美国和爱尔兰使用。——译者注

办？因为会对环境造成污染，所以不能随手扔了。最后我们只得专程把它们送到回收站。

为摆脱这种困境，本杰明 · 摩尔公司做出了一项简单但却特别实用的创新，并起名为“两盎司计划”。他们用透明的塑料罐装上两盎司各种颜色的油漆，每罐可以覆盖的面积为 4 平方英尺，而且这种油漆和一次性刷子完美兼容。这样一来，你就可以轻松尝试各种不同的颜色，最后找到最心仪的一种颜色了。

换句话说，本杰明 · 摩尔公司让寻找合适油漆颜色这件事变得经济、便捷又环保。由于价格不高，我打赌消费者肯定会一次性买回好多种颜色回家试。一旦确定了合适的颜色，肯定会马上就去多买一些本杰明 · 摩尔公司生产的这种颜色的油漆。

在我看来，本杰明 · 摩尔公司的成功之处在于他们推出了一种全新的用户体验。一瓶瓶可爱的油漆样品只是整个体验中的一个环节，更重要的是，消费者在选颜色时面临的重重障碍都被清除了，这就极大地优化了用户体验。

我们可以从中总结出很多有益的规律。首先，在突破性的创新发生前，某一产品或服务很可能会经历一段很长的平台期。一旦哪家企业打开了创新的阀门，就会产生强大的示范效应，其他公司会奋起直追，寻找体验中的其他环节进行突破。再举一个红酒的例子。20 世纪 90 年代中期，我们曾和一家著名酒厂合作探讨红酒的封装问题，得出的结论是：最可行的方法是放弃木质瓶塞，螺旋盖和瓶盖都是很好的选择，但当时这两种东西仅仅用于封存劣质葡萄酒和啤酒。

其实这不仅是一个美观的问题，由于木质瓶塞的问题，每年都会有很多优质红酒被糟蹋，因此创新势在必行。对一些人来说，虽然慢慢启开木质瓶塞的过程是个不可或缺的仪式，但对于许多红酒爱好者来说，则显得很麻烦，而且一旦瓶塞断在酒瓶里，那就更扫兴了。但当IDEO开始涉足这一领域时，大家还都认为创新是很久之后的事，管他呢，何不今朝有酒今朝醉。

360度大翻转

可能你正在考虑创新某种用户体验，但却毫无头绪，无从下手。

其实完全可以试试最激进的办法，将我们习惯的事物和体验进行360度大翻转，没准儿效果还不错呢。我第一次有这种想法，是因为看到了一张关于厕所的行为艺术照片。这种厕所被设计成一个封闭的空间，墙壁采用的是一种特殊的材质——里面如厕的人可以将外面的事物看得清清楚楚，而外面的人却看不到里面的蛛丝马迹。这还让我想到了之前给普拉达（Prada）纽约旗舰店设计的一个试衣间。试衣间是由透明玻璃制成的，走进去，按下按钮，玻璃就会变成不透明的，里面的人就可以放心大胆地试衣服了。穿好之后再按一下按钮，外面的朋友就能够看见你新衣在身的样子了。

可以找一些这样的小切入点，没准儿效果会大不相同呢。

而到了现在，大批的酒厂和酒商像着了魔似的对红酒封装进行创新。雕刻精美的螺旋盖在中档红酒市场已经流行开来，消费者也在逐渐接受这种更加便利的新方法。与此同时还出现了另外一个新的动态。盒装酒最近开始悄悄地流行起来，因为相较于瓶子，盒子在存酒方面确有一些优势。纸盒的里面是一个塑料制气囊，倒出酒后，气囊就会相应地收缩，这样就极大地降低了氧化作用对红酒的破坏程度。圆柱形或矩形的酒盒便于存放在冰箱里，开封之后几周都不会变质。此外，酒盒还大大降低了灌装和运输成本，还为盒面设计提供了很大的发挥空间。好处真的是不胜枚举。

这个独特的公共卫生间模糊了私密与暴露之间的界限

酒瓶是18世纪的产物，之后三百年几乎没有变过。而现在我们所做的这些小小的改革很可能就是一束星火，也许会在未来10年形成红酒封装创新改革的燎原之势。你也可以环顾四周，去探寻那些很久都没有改变的事物中是不是有可以改进的环节。创新的机遇就像沉睡的公主，需要王子的一吻才能苏醒。而用户体验设计师就是这样的王子，他们拥有耐心、信心和强大的内心驱动力去唤醒美丽的公主。

水，也可以高端大气上档次

其实能够展现体验设计师价值最好的例子就是目前市场上琳琅满目的维生素

水。在过去，饮用水基本来自水龙头，瓶装水刚刚进入美国市场时主打水源牌，之后迅速攻城略地，俘获了大批消费者。而现在，商家又给瓶装水添加了各种颜色、维生素，起了时髦的名字，还推出了不同的口味。下午在办公室过得很辛苦？来瓶桃子味的酷乐仕（Glaceau）吧！又熬通宵了？提神首选德乐（Rescue）绿茶！有批评人士认为，这是一种形式大于内容的浮夸，但是这些饮料确实看上去很健康、很有益啊，何况有的饮用说明还写得让人不禁捧腹。有的饮用说明写道“口服，用于治疗头昏脑涨”；还有的写着“适用于体操运动员、芭蕾舞演员和希望获得身心平衡的普通人”。

不得不承认这样的说明很无厘头，但是当你在琳琅满目的货架前不知选什么好的时候，这样的一个小幽默瞬间就让产品脱颖而出了。营养学家可能还在质疑将水、维生素和各种香料混合在一起的合理性，但饮料公司已经借此成功地营造了一种情绪、感觉和体验，而且获得了市场成功。如果简单的水都蕴藏着如此巨大的潜力，那还有什么是你不能做的呢？千万别说自己公司的产品或服务平庸无奇，它们的品质取决于你的想象力。

体验之旅

在与客户合作的过程中，IDEO常做的一件事是规划消费者使用某一产品或服务的体验之旅。对于火车、飞机等交通工具来说，描绘体验之旅听起来合情合理，但是对于其他的产品来说，描绘旅程则有点让人匪夷所思。我们规划体验之旅所涵盖的范围十分广泛——到宾馆办理入住手续、去银行开户、浏览网页、申请专利、预订饭店、做晚饭等，无所不包。

通过大量的实践，我们发现这样一条规律：用户的体验旅程往往比我们设想的复杂很多。还有一个发现是：顾客体验之旅要比预想中开始得早、结束得晚。而且，其中很关键的一点是，一定要去关注顾客内心情感的变化波动。我们举一个买车的例子。其实买车的第一步并不是去4S店看车，也不是在报纸上浏览广告。在此之前，通常会有一些起到催化作用的事情发生，可能是一件意外（比如车的某个部件突然坏掉了），可能是重大的生活变化（比如女儿要去读大学了），也可能是来自社会或人际方面的压力（比如朋友新买了一辆很漂亮的车，显得你的车很寒酸）。同样，在顾客把车开走后，他们的体验之旅依然没有结束。要想赢得客户对品牌的忠诚和推荐，还应继续跟进顾客在汽车使用、维修保养，直至最后转手卖出的各种体验。不仅要关注顾客在每个步骤中所采取的行动，还要用心体会他们在此过程中思想和心态的变化。这些素材对于一个成功的用户体验设计师来说都是十分宝贵的。

生命攸关

在某些特殊的情况下，你所做的工作还会起到挽救生命的作用。

戴维·克罗维兹（David Kravitz）是器官回收体系（Organ Recovery System）的创始人，他创办这一机构的起因是器官移植曾救了他父亲一命。父亲手术成功后，戴维对器官移植的过程进行了详细的研究，他发现器官从捐献者到受赠人要经历一段十分颠簸的过程，而且缺少应有的技术保护，比如，用来储存器官的冷藏容器和你带去海滩冰镇啤酒的容器没什么两样。可是与此同时，受赠者正等着这些器官救命呢。曾经同时有55 000个美国人等待肾源，但是只有一小部分人能够得偿所愿。

器官回收体系与IDEO合作，共同探寻了器官从捐献者到受赠人所走过的历程。用冰块冷藏的肾脏最多只能保存8个小时，而在这事关生死的8小时内，医护人员能做的仅有尽快把肾脏送到受赠者处。我们通过大量的观察、研究和实验，最终完成了一个叫作“生命中转站”（LifePort）的作品。这个容器在储存肾脏的同时还能向肾脏注入一种组织营养液，并全程监控肾脏的状况。这样一来，存储时间就延长了一倍，病人获救的概率也就大了很多。

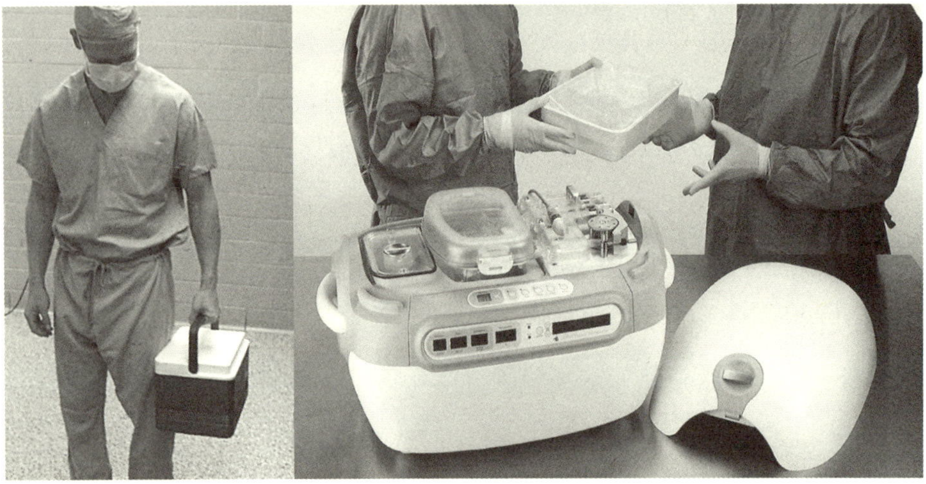

从简单的塑料容器，到生命中转站，通过不断注入营养液，肾脏的储存时间得以大大延长

生命中转站让更多的人成功获得了肾脏移植，还为医疗行业节约了10多亿美元的急诊开销。所有这一切能够成功可能，都要归功于戴维怀着极大的热情和执着去探寻了器官从捐赠到移植的整个过程。

我们对这项工作感到特别骄傲，也期待着将来能和戴维在心脏、肝脏等其他器官移植方面继续合作。不论是顾客使用产品、接受服务的体验之旅，还是企业推广营销的经历，这样的旅程真的很重要。期待您也能够仔细研究一下与自己相关的旅程，从而不断完善用户体验。

树挪死，人挪活

优秀的体验设计师都很清楚，需要不断地改进为用户营造的体验，这不仅要考虑到技术的进步，还要考虑到顾客需求的变化。过去，客户的体验之旅会从某一固定的地方开始，但那样的日子已经一去不复返了。现在我们要做的是把改善后的体验主动送到客户身边，“直捣黄龙”。

不久前，IDEO的智能空间（Smart Space）团队（一组致力于研究建筑尺度的设计师）和北加州一家雄心勃勃的公司达成合作意向，提出了一个激进的想法：让牙医上门服务。我们的想法是把一辆配备齐全的牙医专用车开到各个公司，为员工提供相应的服务。这减少了员工来往和等待的时间，而且对公司来说也没有任何损失。我大胆预测，未来几年，肯定会有其他各种专业服务也采用这种主动上门、批量服务的方法，直接把服务车开到公司楼下。紧迫的时间、便利的无线通信和成熟的相关技术会大大推动这一趋势的流行。这种流动的服务模式会对行业的传统带来挑战。比如牙医诊所就在你工作地点几米开外的地方，还需要候诊室做什么？只需要护士在上一位病人治疗结束前两分钟喊你去就可以了。这样一来，节约的时间成本可就不是一星半点了。

这种机动灵活的流动性真的很重要，特别是对于某些企业来说尤为如此。从俄亥俄州梅菲尔德起家的前进保险公司（Progressive Insurance）凭借迅速有效的险情处理业务发展成全国性的汽车保险商。他们成功的秘诀就在于流动性。前进保险最引以为豪的是它的即时应对体系——一队理赔员开着福特探路者在主要城市来回巡逻，接到电话后立即奔赴现场。这些理赔员随身携带笔记本电脑，方便随时在各处办公。理赔的手续也很简便，顾客只需拿着一张前进保险公司的卡，不用经过烦琐的过程就可以轻松理赔了。与整个行业平均几周到几个月的理赔时间相比，前进保险在几天甚至几个小时内就可以完成理赔，这样的效率无疑会极大改善用户体验。几天前，我遭遇了驾车30年来的第一场事故，此情此景之下更深切体会到前进保险对顾客的巨大吸引力。

> 停滞不前对公司健康发展不利。一定要动起来，四处走走看看，最好是带上你的技术、信息和个性化的服务，主动走近顾客。

其实保险是一个深受传统影响的行业，许多公司都觉得堆积成山的文书和坐在办公桌后面的理赔员才是保险业的标志。但尽管处在这样一个恋旧而保守的行业，但前进保险仍能够实现如此巨大的突破，对我们的启发和鼓励是很深刻的。如果你还持怀疑态度的话，再看看雷克萨斯是怎么为客户服务的吧。几年前我买了一辆雷克萨斯，第一次做汽车保养时，经销商直接派人到我的办公室。我需要做的就是把钥匙留下并画一张停车位置示意图，仅此而已。现在行驶里程已有1 000英里，每次保养维护都是经销商直接上门服务。

我的建议是：树挪死，人挪活，停滞不前对公司的健康发展很不利。一定要动起来，最好是带上你的技术、信息和个性化的服务，主动走近顾客。如果你还不着急的话，有人就会捷足先登啦！

切忌一刀切

我们已经明白了探寻客户体验之旅对于改进产品和服务的巨大意义。但是优秀的体验设计师还应明白众口难调的道理，没有哪种方式能够满足所有人的需求。体验设计师的职责是为每一项新的产品和服务规划设计好合适的、独特的用户体验。这也是IDEO一贯遵循的原则。

几年前，一家著名的零售商请我们去研究孩子在店里购物时的体验，他们想在此基础上进行大规模的重新设计。我们双方都认为完整地勾画出孩子的体验之旅是最佳的切入点。

于是我们花了很长时间去店里实地调查研究，为了保持和孩子同样的视角，大部分时间我们都是蹲着或者跪着的。我们发现，孩子购物的过程和其他项目中所涉及的体验之旅完全不同。孩子们并不把逛商店的过程视为一段遵循一定顺序的旅程，他们根本记不得先看到了什么、后体验到了什么，他们只能记得什么最有趣、什么最无聊。于是我们意识到，为孩子把逛商店设计成一次精妙的体验之旅很可能会费力不讨好。

幸运的是，我们找到了另一种方式。通过观察，我们发现孩子在商店里会经历一系列断断续续的、相互之间没有关联的认知过程。围绕这些过程，我们得到了许多有益的发现：花大价钱对店面进行重新设计是完全没有必要的，针对孩子的特点和喜好做出一些相应的调整即可。比如要关注产品的包装、展示、推广，因此要在陈列、灯光、图片等方面下功夫。

吊床效应

一些强而有力的形象能够对人们的想法产生很大的影响。我并不是指宗教意义上的精神寄托，而是凡世中的一切普通事物。

比如说吊床。无论何时何地，只要看到悬挂在两棵树之间的吊床，我们紧张的神经都会瞬间松懈，满脑子都是放松的念头。最近我也在考虑要在自家后院装一个吊床。这就是个很好的例子。你也可以寻找一下，自己的行业里有没有这种类似的事物，人们一看就能产生美好的联想。如果有，一定要好好加以利用。

这个项目给我们最大的启发是教条主义要不得，一定要根据实地的观察调研及时调整战略。设计体验之旅的方法很好，但却不适合这个具体的案例，因此我们做出了及时而有效的改变。再好的灵丹妙药也不能包治百病，所以千万要记得因时制宜、因地制宜。

只有吊床的景象能使我放松，你会用哪种事物让自己产生有力的联想呢？

假设你带着一个指南针去航海，但星星的方位和指南针指示的方位却出现了偏差。不论你的指南针有多精密，你也一定得根据星星的指示航行。因此，一定要保持思想的独立，对不同的情况做出具体的判断，切莫先入为主、千篇一律。

真实为上

用户体验设计师对于真实有着敏锐的嗅觉。他们不会盲目推崇所谓的“专家”，而是努力去探寻普通顾客最真实的感受。我们来看一个餐厅点评的例子。几年前，我们在选择餐厅时能够参考的除了本地报纸，就是诸如Frommer's、Fodor's Michelin这种全球性的旅游指南，但上面的点评全部出自“专家”之手，普通百姓只有听之信之的份儿。

其实，这些“专家”的点评并不能保证百分百真实。很多餐厅能够在众多食客中一眼认出前来试吃的点评员，从而通过多提供些食物或服务来获得好评。因此，这些人所做出的点评是有失客观公正的。而且，仅凭一两顿饭就做出评价也显得有些不够公正。但是去看看当下十分流行的“查格调查”（Zagat），情况就完全不一样了。“查格调查”摒弃了雇用专业点评人的模式，而是邀请普通消费者去写自己在酒店和餐厅就餐的真实感受。目前已经有25万位点评人自愿贡献自己的经历和体会。创始人蒂姆·查格（Tim Zagat）和妮娜·查格（Nina Zagat）夫妇很早前就发现了真实所能够带来的巨大价值，因此他们从来不会请名人来点评，而是请了许多阅历丰富的编辑来进行设计，将志愿者们原汁原味的真实点评严密连贯地整合到一起。其实这种模式与人民选择奖[①]有很多共通之处。时尚报刊上的点评往往都透着一股势利的味道，但“查格调查”却洋溢着草根阶层的真实与亲切。正是这样的一种特质使得“查格调查”经常能够产生轰动效应，引发关注，而这却是那些专业点评网站可望而不可即的。在餐厅和酒店点评获得巨大成功的基础上，“查格调查”正在将业务向电影、音乐，甚至高尔夫球场扩展。

真实有着巨大的吸引力。电视上的真人秀虽然是被剪辑过的，但是依然流行，因为它是“真人”秀，最核心的内容依然是真实的。同样，交友网站

① 人民选择奖（People's Choice Awards），是好莱坞历史最悠久的年度颁奖盛会之一，所有奖项完全由电影、电视、音乐爱好者投票产生，与娱乐业内人士、媒体记者和评论家无关，代表了美国的潮流指标。——译者注

HOTorNOT虽然饱受争议，但依然有大批用户将自己的照片上传让一群陌生人打分。

“查格调查”1979年就发明了这种模式，堪称行业鼻祖。在我看来，“查格调查”的模式要优于亚马逊图书点评模式。因为亚马逊网站上很多热情洋溢的好评出自于作者朋友之手，其可信度就大打折扣；但是“查格调查”上的点评是经过编辑整合审定的，因此更能取得用户的信任。

受益于这种真实，“查格调查”不仅积累了良好的声誉，还赢得了开辟新市场的良机。我不清楚他们下一步的目标是游轮、博物馆、汽车修理厂、医生还是承包商，但我知道对真实的不懈追求定会让他们开疆拓土的征程更加顺利。从“查格调查”的案例中你是否得到了启发呢？你自己公司内部是不是也有这样的可能与机遇？

真实是伪装不出来的，个性也是伪装不出来的。我们都有些特别有意思的朋友，他们开朗坦诚，举手投足、一言一行中都透露着真诚的魅力，这让他们与众不同。其实企业也是如此。维珍公司（Virgin）玩世不恭、风趣幽默，宝马（BMW）很严谨，苹果（Apple）重设计，丽思卡尔顿（Ritz-Carlton)服务一流，宜家（IKEA）经济实惠。这些独特的风格能够让它们的品牌闪闪发亮，在众多竞争对手中脱颖而出。

勋章的魔力

优秀的体验设计师能够从身边所有的事情，尤其是自己的日常生活中汲取灵感。有一次，我儿子在翻箱倒柜的过程中发现了我当童子军时的一枚绿色勋章。这激起了儿子的兴趣，他开始喋喋不休地追问关于童子军21种勋章的事情。回忆像流水一样向我涌来，虽然当时的很多细节都已淡忘，但奋斗过后勋章所带来的那份荣誉感依然强烈而让人自豪，因为这种经历对每个人来说都是永恒的。

我哥哥戴维20年前就说，其实很多人已经不再需要物质的东西了。他喜欢送人礼物，因此每年圣诞节的时候，他的车里都会装满各种各样的礼物。但突然有一年，戴维改变了主意，他决定不再送人礼物，而是赠送美好的经历。现在，我已记不清戴维送过我的所有礼物，但却清晰地记得过去20年与他和他的朋友一起分享的那些经历。他每年都会带上若干好友和家人去进行一次小小的探险，我们听过滚石的演唱会，看过怪兽卡车表演，跟法国厨师学过烹饪，一起赛过卡丁车，还看过圣荷西鲨鱼队的比赛。通常，戴维会租一辆中巴车，自己像乘务员一样忙前忙后为大家服务。这些活动听起来是不是成本比较高昂？是有些贵。但即使戴维安排的是沙滩野餐，我们也一样会高高兴兴的。因为戴维已经在送礼物这件事情上达到了一定的境界和高度。这些温馨隽永的共同经历要比那些昂贵无用的礼物珍贵很多倍。

15年前，我的朋友斯图尔特·格拉哈姆（Stuart Graham）告诉我，他的人生目标就是要去100个国家。15年后，他已经去了93个国家，而且还有半生的时间可供他继续前行。IDEO的希拉里·霍蓓尔（Hilary Hoeber）也有类似的梦想，但她的野心更大——25岁前要至少去25个国家。其实不仅成年人在这样做，孩子们也乐在其中。我儿子8岁的时候决定要读完所有的《哈迪男孩》（*Hardy Boys*），于是在接下来的一年，虽然很费力、很艰辛，但他真的做到了。而我的女儿现在则在计划游遍美国的各个州，所以我们每次度假都尽量去不同的地方，以便帮她早日实现愿望。

其实与父辈相比，我们对物质财富的热情正在消退，富有不再取决于你拥有多少东西，而是取决于你做过多少事情。比如我们参加的赛跑、游行、志愿活动等，这些都是财富的重要组成部分。一年一度的火人节对于很多人来说就是一次完美的经历和体验。位于内华达州的黑石沙漠会在每年8月的这一周吸引三万多名游客前来参加火人节。其实这里除了冰、茶和咖啡，什么可买的东西都没有，而且在结束时还会把所有东西付诸一炬。但参与过的人都会告诉你，这是一次终生难忘的经历。每年这个时候，IDEO的工作进度就不得不慢下来，因为有越来越多的员工被吸引去参加火人节了。

我们一起来收集

你的公司能够给消费者提供什么体验呢？消费者会不会竞相去“收集”你所提供的体验呢？他们是否会逛所有的门店，试所有的产品？其实去过日本的游客都会注意到，几乎所有的火车站、景点和温泉都备有一个大号的橡皮图章，用来在游客的旅行日记上盖章。文具店和礼品店还出售仿真的日本护照，专供游客盖章。这就像一个收藏的游戏，让游客欲罢不能，一定要走过所有的经典地方，收集所有的印章，才甘心离开这片“日出之国”。

设计师菲利普·史塔克与酒店老板伊恩·施拉德强强联手，创建了精品酒店品牌摩根酒店，目前已有8个门店，我相信这个数目肯定会迅速增长。有一天我突然发现，自己已经住过6家摩根酒店了，于是在去迈阿密的时候就感觉到自己一定要去第7家住一晚。而且我知道，很快我还会找个借口去趟洛杉矶的店，把我的“收藏”凑齐。一旦有7个，怎么能抵制住第8个的诱惑呢？就好比你读了5本《哈利·波特》或者十几本汤姆·克兰西[①]的书，怎么能不把剩下的读完呢？

不管你收藏的东西是有形的还是无形的，收藏这件事本身就有着巨大的魔力。收集来的这些“藏品”就像一枚枚勋章，虽然不会给人带来现实的好

① 汤姆·克兰西（Tom Clancy），美国军事作家，当今世界最畅销的反恐惊悚小说大师，共有70多部作品发表。——译者注

处，但却承载着丰富的象征意义。过去，旧金山巨人队还在寒冷的烛台公园（Candlestick Park）打比赛的时候，场地实在是太冷了，很多球迷都不得不穿着滑雪装备去观赛。巨人队为了回报并鼓励大家的热情，给每位看完加时赛的观众发一枚荣誉勋章。冰柱形的勋章由橙黑两色构成，可以别在帽子或夹克上。而今天，虽然巨人队已经去了条件更好、更温暖的SPC公园比赛，但依然有铁杆儿的球迷佩戴能够让他们记起往日辉煌的荣誉勋章。

你也可以选定一些忠实的客户，帮助他们成为你产品或服务的铁杆儿粉丝。如果他们收集了一半，那就肯定会去收集另一半。给他们一些奖励，可以是一枚图章，也可以是一块奖牌，之后，他们会如饥似渴地继续“收藏”。

营造完美体验，打造卓越品牌

优秀的用户体验设计师会不断地提示你，通往卓越的第一步是告别平庸。要打破常规，击败对手，脱颖而出，就必须要为用户、合作伙伴和雇员创造卓越的体验。一旦体验设计师帮你做到了这一点，那么消息就会不胫而走，你就等着坐收美誉吧。

08 布景师

THE TEN FACES OF INNOVATION

Strategies for Heightening Creativity

办公场所的规划、设计与管理会影响到每家公司和每位员工的表现，虽然这种影响时大时小，但肯定是必然的。

——富兰克林·贝克尔《办公场所》（*Offices at Work*）

布景师也是深深植根于IDEO土壤的一种重要角色。公司成立之初我们就相信，精心设计的办公场所就像完美的舞台或电影布景一样，能够起到提高生产率的效果。布景师会不断地调整办公室的设计和布局，以此激发大家的工作热情并培育企业文化。

我们办公室里现在还挂着大家精挑细选出来的DC–3飞机模型，戴维·利特尔顿在自己隔间上挂满了五颜六色的圣诞灯，罗比的桌子上则摆着从世界各地收集来的奇怪的食品。有时候，大家还会趁某位同事不在时来个小小的善意恶搞，把他的空间重新装饰一番。上个周末，趁首席财务官戴夫·斯特朗（Dave Strong）不在，大家把他的办公空间搞成了一个小酒吧，摆上了吧台、高脚凳，甚至还有一个扔飞镖用的圆靶。不知道戴夫是否打算以后就在小酒吧里工作了，反正现在他还乐在其中呢。

IDEO为什么崇尚这样的文化呢？因为虽然团队协作是我们做成一切项目的基石，但是每位员工个性的展现和发挥也是必不可少的，这样才能营造生动活泼又有趣的工作环境。你可能不禁会问，这能带来经济收入吗？我想用另一个问题来回答你的问题——你真的想让自己公司的办公室无聊、沉闷、毫无生气吗？

重视内部空间

电影《星际迷航》（*Star Terk*）中的柯克船长在每一次的下集预告中都会提醒大家，“太空才是终极的边界”。柯克船长把一生的时间都花在对“外太空”的探索上，而布景师会则把精力投入到“内部空间”的完善之中——我们每天在这里工作，绝大部分醒着的时间都是在这里度过的。我认为“内部空间”也可算作“终极的边界”，因为它对于创新型企业文化的形成是十分必要的。只可惜还没有足够多的公司认识到这一点，管理者往往觉得办公环境是无足轻重的。

如果你去过圣地亚哥·卡拉特拉瓦（Santiago Calatrava）设计的雅典奥运主场馆，你就不会再对布景师的价值萌生丝毫的怀疑；或者如果你去过艾卓·巴拉兹（André Balazs）旗下的酒店，你也会对布景师的匠心独运而赞叹不已。但现实情况却是，90%的办公场所都是千篇一律的单调与无聊。

这样的工作环境似乎已经成了当今商业社会的组成部分，时间久了，人们也就习以为常了。商业大师汤姆·彼得斯称这样的办公室“无聊至极”，他说，“从接待处到研究室，处处都充满了乏味，这种乏味扼杀了人们的精气神。在这样的环境里，人们不会开心地笑，也不可能放声地哭，更别说创造有意思的东西了！”我们不难理解汤姆的无奈与愤怒，而事实上，我们并不是别无选择。

也许你认为布景是建筑师、后勤部经理和空间规划师的事儿，其他的人与此并无太大关系。但如果创意与激情是你公司赖以发展的血脉，那么公司的每个人都应有些布景师的视角和责任感。

其实我们对办公环境都有一定的鉴别能力，很多公司也都明白糟糕办公室的糟糕之处。可悲的是，他们却依旧大量地复制生产这样的残次品。我们都记得黑白电影中的办公室充斥着千篇一律的办公桌和打字机，也知道这对于创造和创新来说是死敌。而在21世纪的今天，我们每天要花8个小时坐在单调的小隔间里面，即使有电脑、手机和网络，但无聊的空间和环境很难让人兴奋起来。

多数公司的后勤部门都有专门负责设计办公环境、协调员工座次的人，而且还会定期请设计师来进行改造升级。但我认为公司内更多的人都可以成为布景师参与到此过程中来。从日常工作中微小的细节入手，做出一些不大的改变，就可以让环境更活泼、更适于合作，同时又保护隐私。布景师就像是未知数，能够给公司的方程式增添意想不到的惊喜。其实我们每个人都在做着布景师的工作，挪动下桌椅、字典的位置，没准儿都会带来很大的不同。

> 布景师就像是未知数，能够给公司的方程式增添意想不到的惊喜。

对于有些沉闷至极的公司来说，取消一两条限制就可以产生神奇的效果。几年前，我去一家公司参观，公司雇用了几百位创意人员——艺术家、作家和美工。我和管理层聊到改善办公环境的时候，他们说成本太高了。于是我就提出了一条建议，可以在24小时内带来改变，而且成本为零。不知出于什么原因，该公司规定“办公隔间4英尺以上禁止悬挂任何物品”。担心阻碍视线？怕打破千篇一律的无聊？我建议该公司废除这条规定，同时开展一项空间设计大赛，让每个人的工作环境都能够充满活力且与众不同。待改进的地方还有很多，但这是一个良好的开端，而且绝对物超所值。

一些创新型公司除了废除一些限制性的规定外，还会独辟蹊径，有更大的作为。比如，宝洁公司最近决定建设一块专门的场地来开展创新项目。IDEO帮宝洁设计了一个占地10 000平方英尺的创新中心。其中一个关键的决定是将这个中心设在员工工作地点的旁边，这样就能够极大地推动内部合作。创新中心有3个学习区域，开放式设计，家具都可自由移动，各种界面上都可写、画、涂鸦，还有充足的便笺纸供记录灵感使用。此外，中心还有咖啡厅和展示厅，展示各种最新的资讯和技术。宝洁还十分注重对新员工的引导，帮助那些刚刚涉足创新领域的员工更好地使用中心的各种设施。在这样一个环境里，新产品、新服务、新点子定会层出不穷。

好的空间环境是激发持续创新的一个有力工具

我们在之前提过，美泰公司也设有类似的空间以激发创新。有些企业可能并不打算划出类似的专门空间，但是却也应该多鼓励布景师进行创新。这样做的原因是多方面的。任何一家公司都希望招募到强兵悍将，而工作环境对于人才来说也是一个很重要的考虑因素。在20世纪90年代末硅谷的人才大战中，被我们纳入麾下的几位优秀人才说他们选择IDEO的一个原因就是喜欢这里的工作环境。良好的工作环境能够吸引并留住人才，相比于改造环境的成本，这笔账应该不难算吧。

要用切实的证据来证明良好的工作环境能够增加收益是有一定难度的，因此布景师就需要用强有力的手段去推动公司为此投资。其实早在20世纪50年代，拉斯韦加斯的赌场就发现布景方面的创新与收益之间存在关联。把通往电梯的直行线改造成弯曲的，并在两边摆上老虎机，赌场的收入就提高了0.7%；摆上些游戏的陈列，原来仅仅收支平衡的餐馆就开始赢利了。虽然在其他行业，布景与收益之间的联系不像赌场中这么明显，但是环境布景与员工表现之间的联系还是很突出的。像皮克斯和易贝（eBay）这样的行业佼佼者都十分明白，舒心的工作环境能够提升员工的幸福感和创造力。对于那些依赖自由思考、创意创新的公司来说，空间的意义就更加重大了，因为空间是创意成形、机遇诞生的地方。

几年前，英国广播公司（BBC）纪录片和写实节目团队找到了我们，想解决一个困扰他们很久的问题。这个团队由27个人组成，他们每天为打造优秀的节目而绞尽脑汁，却觉得自己的工作环境差强人意，根本不能给团队增添任何能量。IDEO伦敦分公司接下了这个项目，他们选择将重点放在对空间进行改善以促进团队合作之上。

IDEO采取的第一条措施是开辟一片专门的空间供大家集体讨论使用，这里有白板、各种型号的便笺纸、先进的展示技术、舒服的座椅和时尚的咖啡桌。这样一个小小的空间就带来了很大的改变。不到几周的时间，这片区域就成了大家最喜欢的地方。夜幕降临，楼里其他地方都黑成一片，这里还总是灯火通明，人气十足。

此外，我们为BBC量身定做的项目空间也广受大家欢迎，这个空间可以根据不同项目的特点进行灵活的调整。有一段时间，该团队的工作重心是研究如何吸引更多的年轻观众，于是大家就把这个空间进行了一番改造，摆上了懒人沙发，挂上了流行乐队的海报，还买来了各种时尚杂志。在这样几乎与年轻人卧室一样的环境里观看新节目的剪辑，再合适不过了。之后他们又做了一个关于老年人的节目，很快就把项目空间改造成了另外一个样子——壁炉上悬挂着老式钟表，桌上摆放着复古茶壶，总之就是老年人喜欢的样子。在门外汉看来，我们似乎有些浮夸和做作，但是这正是日新月异的电视行业所需要的，而且这块项目空间很快就成了大家探讨新想法、新节目时最喜欢去的地方。这样的一个空间既像咖啡厅，还像私人小剧场，有时团队之外的其他同事也会到这里来喝杯咖啡、看看节目，无形之中又沟通了感情，促进了合作。

那些创新能力最强的公司都能够利用空间设计来强化自己的内部文化和外部形象。一定不要丢掉这样的良机呀！

我们所做的最大改变就是为该团队开辟了专门的项目空间。在此之前，他们很少邀人来开会讨论，即使要开会，也是去外面租个场地或者借用某个独立制片方的场地。而现在，就在BBC大楼里，他们就有了自己的创意空间，而且设备精良，技术先进，可以自豪地邀人来开会了。

也许有人会说："这有什么大不了的呢？"是的，每一个小的改变也许都是微不足道的，但是布景师深谙整体大于部分之和的道理。数个小小的改变加在一起，数个创意空间整合到一起，就为团队注入了强大的能量。BBC的报告显示，在对空间进行改造之后，纪录片团队的项目佣金较之前大为提高，这也就意味着销售额增加了。这样的例子还是比较有说服力的吧！

不论你身处何种行业，都应不断地构建新的想法和愿景，并努力实现它。在此过程中一定要牢记，给力的环境会给你大大增力。也许你并不能精确地测量出其中的每一个元素或环节给你带来了多大的收益，但这并不应该成为你不去尝试、不去改造的借口。

进入全新的领域

我在俄亥俄州东北部长大，家乡的棒球队是克利夫兰印第安人队（Cleveland Indians）。自我记事到三十多岁，该队一直在全美各队中处于垫底的位置。芝加哥小熊队（Chicago Cubs）也曾一度战绩平平，但至少人家比较可爱。而印第安人队简直是糟糕到家了，所以好莱坞在拍《大联盟》（*Major League*）时想找一个讽刺的对象，就非印第安人队莫属了。

但是在1994年的时候，巨大的转机出现了。教练没有换，球员也基本没有变，城市没有变，球迷也没有变，变的是比赛场地，仅此而已。原来的克利夫兰体育场能容纳8万观众，但能有8 000人来看就不错了，因此整个球场显得巨大而空旷。1994年的时候，印第安人队转移到了杰克布斯球场，这里的容量仅为4万人，而且经常座无虚席，因此就显得紧凑而充实。在球员罢工、全美球季中断的 1994 年，印第安人队打出了全美最好的战绩。而到了 1995 年，印第安人队拿下了该队历史上第一个分区冠军。在此之前，很多沮丧至极的俄亥俄人还说，除非太阳从西边出来，印第安人队才能打进季后赛。

场地的变换就能促使印第安人队从最差的球队跻身强队之林，那么也许一个崭新的舞台也能够激发你团队内部的潜力。不用费心思去琢磨是否你的团队成员也有印第安人队员一样待开发的潜能，这些都不重要。重要的是，工作环境的改变就能够让输家成为胜者，何乐而不为呢？

有些时候，场地的变化就能够为团队表现带来巨大的改观

杰克布斯体育场不仅重塑了球队，而且还重塑了整个城市。新场馆还带动了一系列的建筑和修缮项目——摇滚名人堂、世界级的科技馆、宽屏影院等，不仅改善了人们的生活，还提振了当地经济。暂不提印第安人队目前的战绩如何，杰克布斯体育场对当地社区的积极影响一直持续至今。优秀的布景师真的很神奇吧。

移动中的创新

精心设计的幼儿教室就像优质的体育馆一样，能够带来巨大的活力和生机。五六岁的小孩子天性未泯，创造能力突出，总会不断萌生各种新奇的想法。所以幼儿园的教室一般都是充满生机，不断变化的，每一件摆设都是机动灵活的，可以为孩子们不同的活动服务，从而让教室热情洋溢。

你也许会对这些小儿科的东西嗤之以鼻，但是我想告诉你，美国一些最具创新能力的公司都把自己的办公场所设计得跟幼儿园教室似的。乔治·卢卡斯（George Lucas）的光影魔幻工业特效公司（Industrial Light and Magic，简称ILM）在特效方面不断创新，为电影产业的发展做出了突出的贡献。凭借《星球大战》的巨大成功，卢卡斯在北加利福尼亚建立了光影魔幻工业特效公司，该公司市值目前已达数十亿美元。光影魔幻工业成功的秘诀之一就是敢于承担技术、创意和财务方面的风险，不断去追求视觉上更大的突破。即使在好莱坞，也没有几个公司能有这样的胆量和气魄。

IDEO和光影魔幻工业特效公司志趣相投，理念相似，因此两家公司经常交换想法、创意，有时还互派人员。光影魔幻工业特效公司成功的原因是多方面的，但有一个肯定让你意想不到：灵活的工作环境和工作方式。他们会根据项目的特点来配备员工，而且员工的工作量也不是一成不变的，也会根据项目的情况而定。

光影魔幻工业特效公司的办公室洋溢着创新精神和活力，摆放着各种模型，而且还会根据不同项目的需要随时进行调整。公司的布景师随时待命，时刻为下一次改造摩拳擦掌。一位高管跟我说："我有时觉得ILM的理念就是'热爱变化'（I Love Moving）。我们公司只有1 200人，但今年一年就对办公环境做了800处改动。"不要嫌麻烦，也不要担心成本太高，一成不变、墨守成规给公司带来的损失会更大。

你的工作环境是怎样的呢？是否也需要大家都动起来？你能否战胜各种阻力为员工营造一个充满生机和活力的办公环境？

去幼儿园的教室转一转，你会有收获的。

大动作

布景师经常面临这样的难题：虽然想搬到合适的环境中去，但却手头拮据、经费紧张。有时还可能受制于长期的租约。即使这样，只要你肯开动脑筋，依然会柳暗花明。

我刚参加工作的时候曾经和李维斯（Levis Strauss & Co.）共过事，我听说他们特色鲜明的办公场所源于一次篝火边的闲谈。20世纪70年代中期，李维斯搬进了位于旧金山内河码头中心的一栋34层的写字楼里，但是首席执行官小沃尔特·哈斯（Walter Haas，Jr.）十分后悔这项决定。由于和其他公司共用一层，所以李维斯就没有了自己的大堂，有的时候想倒杯咖啡也要坐电梯，而且玻璃墙的构造既破坏了个人隐私又不利于大家的沟通。尽管哈斯打心眼儿里不喜欢，但是20年的租赁合同已经是白纸黑字的事实，后悔也无济于事了。

一天晚上，在广袤的蒙大拿州，哈斯与房地产开发商格尔森·巴卡尔（Gerson Bakar）聊天时说感觉自己像被困在了象牙塔里，公司也失去了原有的风格。他们当时坐在篝火旁，巴卡尔的提议让哈斯大吃一惊——在旧金山市中心找一块校园风格的地皮，按照哈斯的梦想建一个总部，巴卡尔接管李维斯之前20年的租约，除此之外分文不收！

第二周他们回到了旧金山，巴卡尔马上进行了跟进，请到了顶级建筑师，给李维斯做了展示，很快双方就签了合同。李维斯广场就这样诞生了。广场位于电报山（Telegraph Hill）脚下，为砖结构的低层建筑，低调而不落窠臼，得到李维斯高管和员工的一致好评。那段时间我正好有机会体验了李维斯前后两个完全不同的总部，真的是天壤之别。前一个显得很高端，但却给人冷冰冰的感觉，后一个开放、包容且亲切。新总部的每一层都有露台，大家可以在这里开会，也可以喝咖啡，还有花园、草坪、绿树、喷泉，来参观的人都赞不绝口。我十分羡慕李维斯，因为当时我的公司就在内河码头中心二号塔楼里。

李维斯的故事十分具有启发意义——只要你的决心够坚定，方法够灵活，没有什么可以阻挡你改善工作环境的脚步。谁规定你注定被困在死气沉沉的办公室里呢？李维斯的高管很勇敢地承认了搬进内河码头中心是一个错误的决定，而且又很大胆地接受了一项近乎激进的提议。

在某种程度上，搬进内河码头中心就像李维斯做了一个模型，在实践证明这个模型存在缺陷之后，李维斯勇敢地对其进行了大刀阔斧的处置，从而才有了更好的总部，为员工创造了更好的工作环境。

将空间连接起来

布景师十分关注人与空间的互动，一旦有了合理的构想，他们会排除万难，落实到底。

我们普遍都有这样的刻板印象——走廊是人们快速通过的地方，教室是关起门来听讲座的地方。可是最近，IDEO和加州大学欧文分校合作的一个项目就对这些我们很熟悉的观念提出了挑战。由于时间比较紧迫，我们的团队成员“直捣黄龙”，径直去了走廊和教室，跟学生和教授一起体验校园生活。

我们的发现是：教室不仅仅是一个听教授讲座的地方，而且还是一个认识同学、熟悉小组成员的地方，后期更为严肃和深入的小组学习和讨论往往是从这里开始的。而走廊更像是学生们聚会的场所。于是我们决定为学生提供更大的便利——在环形走廊旁边建设若干开放式的房间，这些房间没有门，但却有白板、可为笔记本充电的插口和平板显示器。学生可以通过IDEO和世楷[①]共同开发的软件来预约房间。这样的房间既融合了咖啡厅的开放，又保留了图书馆阅览室的私密。这个想法一经提出就受到了学生的热烈欢迎。

环顾你自己的办公室，是不是也可以把呆板乏味的走廊变成一个大家可以交流、可以放松的地方呢？是不是也可以在某个不起眼的角落放一张咖啡桌或者一把小摇椅，让它摇身一变成为员工休闲放松的场所呢？

放下身段

在设计工作环境的过程中，你很可能会遭遇各种自以为是和自大的高管，因为位高权重的人往往会把建筑视为反映自己成就的东西。其实去罗马、巴黎、时代广场或者华盛顿转一转，你就会明白这个道理了。

但是世界在变化，公司高管和商业领袖必须要摒弃这种观念，因为今后的发展要比过去的成就更重要。好的设计能够留出调整和增长的空间，能够很好地反映出公司的灵活性和优势。自大与自满则是任何机构发展的死敌，因为人们会觉得对于一家扬扬自得的企业来说，自己的地位要比顾客更为重要。

我们曾与一家著名医院的心脏外科医生合作过。这些人每天都在挽救病人的生命，备受尊重和敬仰，有足够的理由感到骄傲和自豪。他们也很清楚自己想要的东西——在医院的新楼里建一条专供心脏外科病人使用的入口，这样就可以使他们工作的重要性和神圣性得到极大的凸显。

在接到任务后，我们思考了这样的一个问题——医院真的需要这样一个专门

① 世楷（Steelcase），全球办公行业的领头羊。——译者注

的入口吗？于是我们广泛听取了医生和患者的意见，并在入口、大厅和病房做了大量的观察。之后我们还邀请心脏外科医生参与到这个过程中来，让他们站在病人的角度来审视一下专门入口可能带来的影响。我们向医生提出了这样的问题：如果你是来做心脏直视手术的病人，你一定很紧张、很焦虑，但当你发现你和其他病人要走的入口都不一样时，你是不是会更紧张呢？

> 身为高管，你的办公室是一座高高在上的神圣庙宇，还是能够鼓励大家前来交流的轻松平台？

我们把最后决定权留给了医生。虽然他们很想要一个单独的入口，但是在做了上述的换位思考之后，他们开始考虑其他的可能了。最终我们放弃了单独入口，而是在楼内设置了一个通往二层的大扶梯，这样一来为心脏病人省去了爬楼的麻烦，二来也给心脏外科医生带来了他们想要的认可与尊崇，同时也避免了过分神化心脏外科医生，避免给病人增加不必要的心理负担。

即使你不是外科医生，也肯定会对自己的工作感到很骄傲。但在设计办公环境的时候一定要再三提醒自己，千万不能让办公室变成展示过去成就的庙宇，而是要让它成为一个促进交流、沟通与合作的平台。

希望上述案例能给您带来些许启发。

纸墙

所有公司都需要在促进团队交流和保护员工隐私之间寻求平衡，而IDEO的工作性质决定了我们的天平要向前者倾斜。我们既有开放的空间，还有各种供大家讨论开会的场所。

当然，有些企业文化对私人空间有更高的要求。比如，我就知道有一家行业领先的公司吸引高端软件工程师的手段之一就是提供独立办公室。该公司原来的想法是把个人隐私与团队协作结合起来，因此使用了大量的玻璃墙来进行隔断，心想着这样既可以保证隔音，又能够方便同事间的目光交流。刚开始的时候，大家都很喜欢这个创意。但是慢慢地，人们开始用纸把玻璃墙糊上，将半隐蔽的空间变成了一个个纸洞，促进沟通交流也就无从谈起了。于是就开始有传言说，这家公司意识到自己的布局安排很不合理，但是却拿工程师们无可奈何。

这个案例给我们的启示是布景师必须要充分考虑到人类的本能冲动。只要能够获得更大的私密空间，正常人就都会去争取。因此工程师们用纸糊墙的做法不仅不足为奇，而且完全是意料之中的事。

人是空间设计中的未知数，也是企业布局布景的主体，所以一定要充分考虑人的因素。这是十分关键的一点。

永不止步

布景师总是在竭尽全力充分利用和设计所有的空间，但愿望与现实之间往往是有差距的。我们曾经与西海岸的一所大学合作过一个项目，发现校园里的一块操场其实就是个死角。这块空间有中型广场大小，本来是想供学生举行活动或者临时讨论使用，但是学生们根本不买账，对此没有丝毫兴趣，所以操场也就无人问津，成了死角。

其实每家公司内部都有这样的一块死角。可能当初也做了精心的设计，但随着不断装修升级，死角就产生了，无人问津，几乎成了公司的鬼域。我们要做的是把死角充分地利用起来，可以在这里举行一些活动，可以将其改造成项目空间或者陈列室，或者是简单地放一台咖啡机，没准儿就可以起到神奇的效果。

但是布景师也没有必要为此太过伤神，毕其功于一役的设计方案往往只是美好的愿景。产生这些死角也无所谓，只要我们能不断地对其改进，为其挖掘新的用途，就可以让它焕发生机了。《全球概览》（*Whole Earth Catalog*）的创始人斯图尔特·布兰德（Sfewart Brand）就曾说过，随着时间的推移，建筑也是不断“学习”、不断改变的，因为栖息其内的人在根据自己变化着的需求而不断地塑造着它。布景师面临的一大挑战就是要根据变化了的团队需求来及时地对空间布局进行调整和升级。

搭建创新实验室

创新需要一定的空间才能够开花结果。人们需要一个能够会面、讨论、做模型、展示成果的地方，一个让团队成员有归属感的地方。我注意到，公司如果能够搭建起专门的实验室，那么创新的各项指标就会极大增长。虽然不能证明其严格的因果关系，但至少是有一定关联的。搭建一个创新空间，或者说创新实验室，需要经过一定的尝试、失败、改进。可以从最简单的做起，然后一路积累经验，不断实现突破。

创新实验室五要素

万事开头难。下面介绍建立创新实验室最基本的5个要点：

- 即使核心团队人数有限，实验室也一定要有能够容纳15~20人的规模。因为我们有时需要与其他人员共同探讨、分享成果，所以一定要留出足够的空间。一定不要吝啬这点小小的空间。
- 把实验室划为创新项目的专属空间，这样就不需要频繁地搬家、挪动了。如此一来，也能够帮助团队保持高昂的士气，不因外界干扰而被迫中断。

○ 在墙上留出充足的空间用于涂鸦、贴便笺、挂图片。切忌用不牢固或者高档的材料装饰墙壁。不久前我去一家公司刚落成的学习中心参观，里面做得非常好。但是当我们讨论时，却被告知不准往墙上贴海报，因为“胶质材料有损墙壁”。这样一来，创新空间的本来意义就荡然无存了。千万不要这样做。

○ 选址时要考虑到能让所有的成员都参与进来，同时还要注意要和大家的办公室有一定的距离，这样才能避免大家受到办公桌上电话的干扰。

○ 备好充足的创新工具：各种型号的便笺纸、小工具、胶带、泡沫、白板、剪刀等。

空间的力量

也许你觉得自己并不是布景师，没有那么秉异的天赋使自己的空间变得神奇。但是不用担心，其实一点小小的调整就可以起到很大的作用。我的好朋友汤姆·彼得斯就告诉我一个简单但十分重要的经验：如果你想让什么东西变得重要，那就把它放在你触手可及、随时可见的重要位置。

汤姆有一本大部头的字典，多年以来一直放在家里书架的顶层。每隔两三个月，他才会把字典取下来翻一翻。有一天，汤姆在一家古董店闲逛的时候发现了一个图书馆用的字典架，可以把字典打开放在上面随时查阅。他二话没说就买回了家。现在，汤姆每天都要查好几次字典。同样的字典，因为放在了不同的位置就有了不同的境遇，这就是位置的重要性。

小的改动确实能够改变人们的行为。零售商就深谙这一道理，摆在货架上显眼位置的商品肯定要比后边的东西卖得好。作为作者，我也发现如果自己的书能够出现在“新书速递”架上，那销量肯定是不一样的。仔细思考一下你想强调的东西，是合作、创造力，还是激情，然后做出一些小小的改变，让这些元素出现在更明显的位置，你会发现效果真的很明显。

说到重要的元素，没有什么比作为管理者的你更重要了。随着职位的不断晋升，管理者办公的地点离大家越来越远，仿佛只有这样才能凸显地位，保证隐私。但是我建议高管可以不断变换自己的办公位置，从而更深入地了解自己的员工和企业。学术界有个特别好的例子可以给我们些许启发。马萨诸塞州迪尔菲尔德学院的校长弗兰克·博伊登（Frank Boyden）有自己一套独特的方法，保证每天都能和每个学生见上一面，并和学生保持沟通。在建新校舍的时候，博伊登请建筑师把大厅走廊的一处拓宽，之后把自己的办公桌放在这里，这样就可以随时看到进进出出的学生了。这样一来，校长不仅可以关注到每一个学生，还可以对其整体的状态进行把握，从而将各种问题解决于萌芽状态。博伊登校长因自己出色的工作而被誉为全美最优秀的校长之一，还被收录进约翰·麦克菲（John Mcphee）的《校长》（*The Headmaster*）一书。对于博伊登来说，他的位置不是高高在上的顶楼办公室，而是在他真正关心和在乎的人中间。

我十分了解博伊登的想法。不久之前，我和其他的几位高管一起搬进了IDEO总部二层的几间几乎无可挑剔的办公室：窗外有美景、房间能隔音、空间很充足。但最大的不足就是太孤立，几乎遇不到任何人。于是我和其他几位高管商量了一下，我们进行了改装，将房间压

> 对于博伊登来说，他的位置不是高高在上的顶楼办公室，而是在他真正关心和在乎的人中间。

缩了近一半，虽然没有了窗外的风景，也没有了那么大的个人空间，但是却可以经常看到来附近取信件、喝咖啡的员工了，就连造访的客人也看得真真切切。这样一来，从见不到任何人到将整个世界尽收眼底，我感觉放弃那些空间实在是太值得了。

有时候我会和过来喝咖啡的员工闲聊几句，以把握公司内的动态。所以下一次你为自己设计办公室的时候，也一定要再三考虑，怎样才能更好地融入员工，把握公司脉搏。

千万莫要让空间布景成了你公司的薄弱环节。充分发掘布景师的潜能，让你的空间活跃起来。优秀的空间布景能够提振士气，招徕人才，提高工作质量。也许你的企业万事俱备，只欠好的工作环境，有了这样的一缕东风，你们与成功就近在咫尺啦。

给团队打造良好的舞台和环境，他们会报以令人惊喜的表现。

09 关怀者

THE TEN FACES OF INNOVATION
Strategies for Heightening Creativity

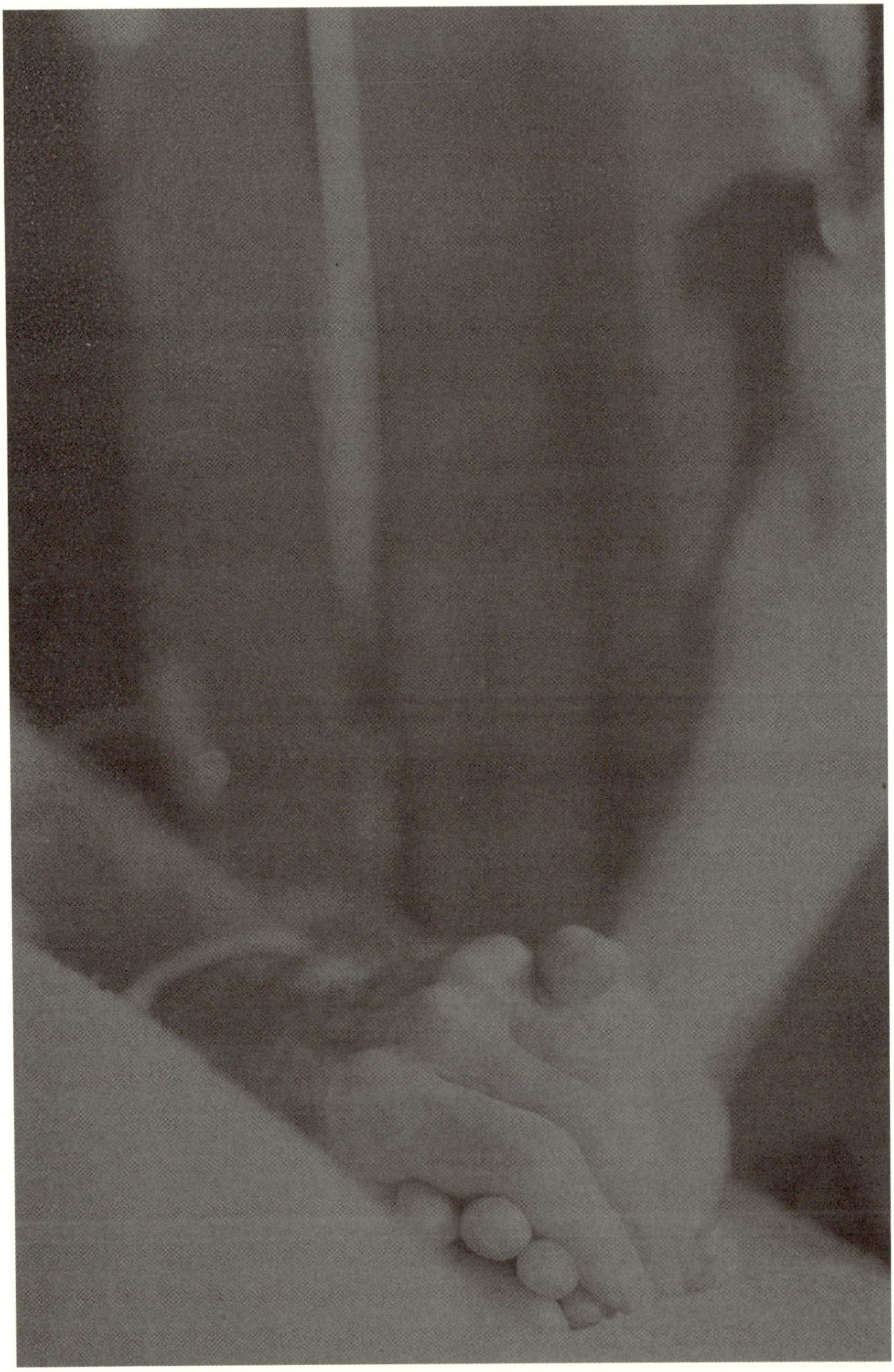

每次只想着一位顾客，然后把对他的服务做到极致。

——兰兹角（Land’s end）创始人卡里·科默（Cary Cpmer）

关怀者对于人性化的创新来说是必不可少的。耐心敬业的医生和护士就是关怀者最好的诠释。回忆一下你最喜欢的医生对你的嘘寒问暖、关怀备至，这样的温暖是我们在家庭之外很难获得的。再想想你摔破了膝盖或感冒的时候，妈妈对你的心疼体贴，我们肯定希望每次去医院也能被这样照顾。如果把这些因素投入到商业社会之中，一定能够取得非同凡响的效果。

最能够代表服务行业的就是医疗护理行业。我们最关注的不是就医的手续有多繁杂，医疗保险的程序有多繁复，而是那位温情的医生或护士全心全意地为你投入、为你服务。优秀的医生会尽己所能让你觉得舒服自在。此时，你感觉自己就是整个宇宙的中心。优秀的关怀者散发着自信和让人信服的气场，对你的提问总是能给出恰当的应答，从而最大限度减少你的后顾之忧。你不需要和他们在一起太长的时间，但是结束时从他们坚定从容的眼神中你就可以获得安心与平静。

我们都需要优秀的关怀者。这也是为何私人教练如此流行、好的发型师供不应求的原因。有些特别好的服务员或餐厅老板会对你无微不至地关怀，让你觉得自己是他唯一的顾客。关怀者能够设身处地为顾客着想，他们努力与顾客建立更深厚的联系，并引导顾客做出适合自己的选择。

关怀者会花时间下力气去了解每一位顾客，努力提供量身定做的个性化服务。好的医院会将效率与温暖很好地结合在一起，优秀的关怀者则会在提供服务的过程中将顾客视为一个个鲜活的人。但是生活中却充满了反面的例子：结账时的长队、对你视而不见的售货员、一边敷衍你一边打电话的促销员，这些都会让我们愤怒不满。一些小小的不同就会产生天壤之别。关怀者很清楚，许多服务是可以变得更为简便、更为人性化的。

为了更清晰地阐释这一道理，我们来看一个医院急诊室的例子。罗伯特·波特（Robert Porter）是圣路易斯一家健康中心的首席执行官。他是一个嗅觉很灵敏的人，很早就意识到人性化创新的意义。他邀请IDEO团队对急诊室（现在差不多所有医院都将其称为急诊部，以凸显其真实的规模和意义）里病人的就医体验进行研究。我们采取了拿手的人类学家式观察法——一位员工假装摔伤了腿前去就医，并用摄像机拍摄了整个过程。我们发现，患者在来急诊部的时候一般都是十分紧张的，而且对于第一次前来就诊的人来说，急诊部就像个大迷宫，布局和程序都十分复杂。就此，我们给出了这样的解决方案——一份包含了就医七步骤的简易地图，由护士在门口交给前来就医的患者，这样就医的所有程序就一目了然了。

我们还发现，对于首次前来就医的患者来说，他们很难分清医院里的各类医护人员——护士、行政人员、技术人员、医生还有放射科的操作人员等。几年以前，为了帮助客户更快地记住IDEO的员工，我们曾给团队成员制作了类似于棒球卡的小卡片。于是我们就借鉴了这一创意，为该医院的医护人员也制作了这样的卡片。与商界传统的名片不同，我们的彩色卡上有照片，还有简要的个人介绍，患者想要了解的信息就一目了然了，而且能够在患者和医护人员间建立一种熟悉感。对于正处于压力或迷茫中的人来说，一些信息、指导和帮助会产生很不一样的效果。

虽然我们并未对该医院的就医步骤或诊断程序做出重大的改变，但是据该院反馈，患者的就医体验得到了很大的提升。我们做的仅仅是一张简单的地图，向患者解释清楚每一步要怎么走、哪些表格需要填、什么时候办理住院手续，仅此而已。但这却帮助医院实现了一个转变：从诊断病人的阑尾到为病人服务。

如果能够对患者的就医过程进行引导，患者的感受就会大不相同

也许你并不在医疗卫生行业工作，但这里面经验是值得推广的——将复杂的程序分解成一步步简单的步骤，让一切变得简单而充满人情味儿。

量身定做

下面我们来看一个零售行业卖葡萄酒的例子。对于对葡萄酒知识略知一二的人来说，即使你走进一家中等规模的葡萄酒店，琳琅满目的品种、高低迥异的价格也会让你无从下手。有时候很想向售货员询问一下，但又觉得这样就暴露了自己的无知。

约书亚·韦森（Joshua Wesson）是葡萄酒专营店最佳酒窖（Best Cellars）的联合创始人，他的做法就很值得我们品味。很多人都喜欢喝葡萄酒，但是繁多的品种、复杂的程序和葡萄酒行业高高在上的姿态有时让人望而却步。在不久前的一个活动上，我见到了约书亚，交谈之后，我感觉很受启发。他的理念就是让买葡萄酒这件事变得更简单、更人性化。他的口头禅是“我们了解葡萄酒，您了解自己的喜好”。他所做的就是将自己对葡萄酒的了解与顾客的喜好结合到一起。

他店里销售的葡萄酒从5美元到10美元价格不等。虽然价格不是很高，但是却得到了很多媒体的好评，既包括《纽约时报》这样的大众报纸，也包括一些专业高端的葡萄酒杂志。来他店里的顾客不需要对酒庄、年份、品种等有任何了解，就可以轻松地找到自己心仪的葡萄酒。最佳酒窖在融合所有上述元素的基础上，将白葡萄酒分为4类——清爽型、绵柔型、甘美型和泡沫型，将红葡萄酒分为4类——多汁型、柔顺性、强劲型和甜美型。此外，还有许多诸如“浓缩”“有后劲儿”等形容词来对各类型的酒作进一步的解释说明。店内各种精美的说明图和设计也能够对消费者购酒产生一定的指导作用。

最佳酒窖的网站还提供更为细致的互动性指导。比如，你可以参与一个小测验，回答一些诸如“吃薄饼时您喜欢涂什么味道的果酱”等问题来确定你的喜好和口味。各门店每周还会有一些免费品尝的活动，目的就是将更多潜在的人发展为葡萄酒的爱好者和消费者。最佳酒窖的承诺就是：“竭尽全力助您踏上享受葡萄酒之旅。”最佳酒窖会敏锐地发现这段旅程上的障碍，然后一一予以清除，让一切简化，让一切围绕着消费者来进行。

约书亚还给我讲了他们在葡萄酒配餐方面所做的尝试。该行业传统的做法是为各种不同类型的酒配上各种精心烹制的高档食物。但是约书亚却反其道而行之，他们的配餐包括花生酱三明治，也包括麦当劳的汉堡，不管是什么，只要你喜欢吃就可以。这样，葡萄酒行业的门槛就又降低了一大截。

约书亚还邀我参加了他们举办的一次品酒会，让我深刻地领悟了最佳酒窖的理念——15 美元的一瓶酒也可以十分出彩。品尝了两种不同的红葡萄酒之后，约书亚问大家哪一种的味道好一些，选择一号和二号的人基本同样多。约书亚告诉大家，其实二号要比一号贵。于是他接着问大家，要是贵 20%，还会继续选二号吗？回答是肯定的。要是贵一倍呢？贵三倍呢？“实际上，二号的价格是一号的 6 倍。这是其他店里的一瓶酒，标价 90 美元，比我的一号酒整整贵了 6 倍。”约书亚告诉大家。我又倒了两杯酒，各尝了一口，发现其中的差别真的不是很大。

最佳酒窖的成功在于它能够让大多数人都自信地走进葡萄酒店，从容地进行选择。这就是关怀者的意义之所在。他们不惜付出大量的心血和服务，只为给顾客营造最卓越的体验。

同样的道理也适用于高端市场。几年前，一位十分了解零售行业的朋友告诉我，蒂芙尼（Tiffany）居然放下身段在广告中提及自己珠宝的价格了，这对于奢侈品牌来说可是不常见的。“项链，100 美元”，“婚戒，1 000 美元起”。朋友说，这样的做法降低了消费者的恐惧，让他们觉得奢侈品也不是遥不可及，售货员

最佳酒窖从不高高在上，而是真诚地为顾客服务，帮他们找到自己喜爱的葡萄酒

不会对你翻白眼。也许你去了蒂芙尼根本找不到所谓的100美元或1 000美元的东西，但是你却不会觉得心虚，会感到很舒服、很自在。消费者的体验得到了改善，商家的形象也大大提高，岂不是双赢？所以一定要放低自己的身段，让一切简单明了，这样才能吸引更多的顾客。

手慢方能开快车

有时，一些意想不到的行业也可以给我们以很多启示。比如，我们称之为“剑锋边缘”这样的一种体验就教会我许多关于关怀者的东西。

IDEO一直以来都奉行兼容并蓄的理念，吸引了很多背景奇特的员工和客户，这样就能够让我们有机会了解更多的领域。比如胡安·布鲁斯（Juan Bruce），看起来这个斯坦福大学毕业的产品设计专业学士没有什么太大的不同，但13岁的时候他就给父母写了一封情真意切的信，要求买一辆心仪已久的车，虽然当时他还没有到法定的驾车年龄，但他还是说服了父母，如愿以偿得到了一辆二手宝马车。胡安很快把车拆了个底儿朝天，之后又组装到了一起。15岁的时候，他开始自己在赛道上刻苦练习，到了17岁的时候，就已经参加正式比赛了。

20多岁时，胡安在著名的贝弗利山赛车俱乐部谋了份教练的工作，他的学员既有企业老板，还有电视明星、摇滚歌手。这些人开的都是顶级豪车：法拉利、宝马、保时捷，他们想要的就是提高速度，快点开。而胡安就敢冒着生命危险坐在这些陌生人的副驾驶位置上指导他们练习。

当时胡安还不到30岁，比这些学员要年轻很多，而且这些学员都是习惯了呼风唤雨的人，那么胡安是怎么做到让他们信服，从而对他们发号施令呢？胡安认为，对于刚刚踏入赛车领域的学员来说，他们需要的是一位教练，而不是又一个粉丝。胡安会自己先开上几圈，向他们展示一些技巧，因为他知道行动要比空谈有说服力得多。如果学员对这种方法不感兴趣，那胡安就会坐到副驾驶的位置，让学员开，自己在旁边保驾护航。这就需要极大的耐心和手腕儿了，最重要的是不要有说教灌输的意味。丘吉尔曾说过："我时刻准备着去学习新的东西，但却不喜欢别人教我。"胡安深谙其中真谛，他对学员提供的指导就十分自然，如春风化雨一般，而且胡安了解关怀者的真谛，从不给自己留有犯错的空间。

很多学员为了追求速度，都喜欢一口气把油门踩到底。对于这种现象，胡安则向他们传递一种类似于禅宗的理念：手慢车才快。手慢指的是优秀的驾驶员在操作时会十分沉稳，挡位衔接从容，这样车速会自然提升。若是在150公里的时速时猛踩刹车或猛打转向，那后果就会让人不寒而栗了。

> 丘吉尔曾说过：我虽然时刻准备着去学习新的东西，但却不喜欢别人教我。

胡安会鼓励学员把目光放得长远，望过弯道，并且学会预测。丰富的经验让胡安能够对各种情况做出精准的判断。同时，他还要遏制自己想去握方向盘的冲动。我记得在驾校学习时，时速一超过35公里就会把旁边的教练吓坏，但胡安却能够在学员把车开到时速 100 多公里时依旧保持镇定。胡安也承认自己有的时候会有些担忧，但最终还总能保持一贯的冷静。

好的教练才能带出好的徒弟。不论学员的资质如何，优秀的教练都能充分挖掘他们身上的潜能，因材施教，寓教于乐，让学员觉得每一分钟都很享受，甚至都忘了自己是在花钱购买服务。

也许你从事的行业与此并不相关，但其中却有些经验具有普遍的指导意义。服务行业需要不断提高自己服务的专业程度和透明度，关怀者应该树立一种真心帮助客户的意识，努力去成为客户的保驾护航者和导师。

服务到极致

胡安所在的赛车行业毕竟比较小众，对于那些市场更为广阔的行业来说，关怀者又应当怎么去发挥作用呢？

几年前，我们突然接到了汉莎技术公司（Lufthansa Teknik）的电话。汉莎技术公司是德国汉莎集团旗下专注于私人飞机和商业飞机的公司。汉莎技术公司找到我们是想请我们去德国帮他们设计一款高端私人飞机上的触屏遥控器。发起这项课题的是一位百万富翁，他自己有一架定制的波音 737，机型与西南航空（Southwest Airlines）、捷蓝航空这些廉价航空公司的机型无异，但内部却有天壤之别。

这位客户的想法是想要一个操作便捷如iPod的遥控器，但却要能够控制飞机内的一切设备。由于设备众多、功能复杂，就使得遥控器根本无法简化。我们统计了一下，一共有 30 台机器，但客户要求用一个无线设备来操控从空调到照相机等所有设备。而现实的情况是，我们现在连一个能够同时操控电视机和DVD的遥控器都没有。

我们很快意识到自己需要做的不仅仅是研发一个功能齐全的遥控器，还应营造一种便捷的用户体验，让客户能够随时听到自己最喜爱的歌曲，随心地调节灯光和挡板，以欣赏机舱外美丽的风景。我们和一些高端人士、机组成员和飞机工程师进行了深入的探讨，获得了许多真知灼见。我们研发的遥控器在两个层面上工作。第一个层面是一些基础的功能，通过一个按钮就可以完成操控；第二个层面是一些更复杂的模式，能够满足客户多方面的需求。但所有的机器、设备都在同一个以太网内运行。我最喜欢的环节是遥控器的安放装置，遥控器被磁铁控制并安放在安全带指示灯上，因此只要驾驶员通知乘客在座位上坐好，遥控器就会自动牢牢地被吸附住，不管是飞机爬升、下降还是遭遇气流，都不会掉下来。

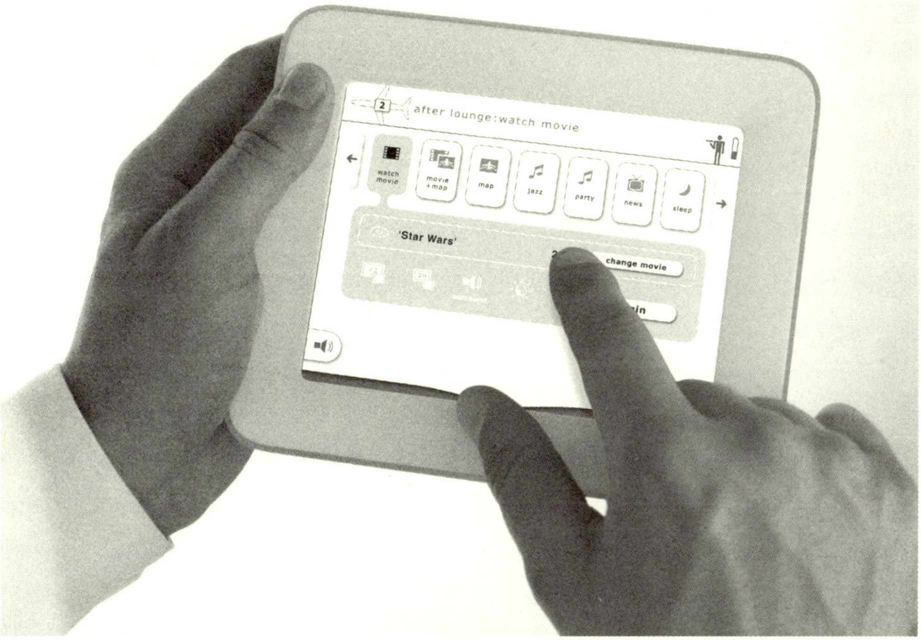

将先进的技术和极致的服务融合在一起，汉莎为高端客户量身定制了完美的产品

我们特别感激这位富翁客户，他不仅迫使我们做出了这么好的创意，还耐心地陪我们花了 6 个小时在自己的飞机上测试产品。他的理念是一定要让自己飞

机的遥控器与众不同。在选择遥控器的材质时，我们放弃了陶瓷，因为它易碎，最终敲定了可丽耐公司（Corian）的人造石材，这就使得遥控器的外观优美而典雅。此外，还加入了若干铝制的图案，让其造型更为优美。考虑到某些乘客并非飞机的所有者，只是偶尔前来乘坐，我们还特意为此制作了记忆芯片，将乘客喜欢的模式存储其中，下次再坐时就可以自动开启了。

这一设计为汉莎公司赢得了设计大奖和众多荣誉，还被陈列在美国纽约当代艺术博物馆。这个案例向我们展示了这样的道理：只要我们从关怀者的心态出发，真心为顾客着想，就能够将产品和服务转化成完美的用户体验。

鞋子合不合适脚知道

关怀者明白对服务的创新不分大小，也不计规模。但是有时候你的公司很有可能进入平台期而止步不前。人们会说："我们所处的行业不同，因此联邦快递、星巴克或者通用电气的那一套创新方法对我们不适用。"还有人说："我们的行业非常传统，人们不会接受如此激进的变革。"其实，这两种想法的本质都是一样的，那就是故步自封。

我们来看一个鞋店的例子，希望会给大家一些启发。加利福尼亚的米尔谷有一家名叫"劲敌"（Archrival）的鞋店，从外面看和其他的运动鞋店并无差异，但却吸引了好几百位著名的运动员和教练光顾。鞋店的联合创始人彼得意识到，他不仅仅要卖运动鞋，还要提供关怀，用自己的精心服务和专业知识来关怀顾客。这里的店员精通业务，知道各种运动鞋的细微差别，也知道哪些鞋适合哪类脚。他们对高科技鞋的了解程度绝对不亚于苹果（Apple）商店员工对自己产品的了解。

彼得会先请顾客脱鞋站好，迅速对顾客的脚做出判断；之后让顾客随意走两步，以获悉其行走的习惯；然后测量顾客脚的尺寸，并了解其从事运动的类型。

在此基础上，彼得会给顾客拿出一双鞋，请顾客穿上走走、跳跳、跑跑。凭借深厚的经验和专业知识，彼得基本很少犯错，顾客会对这双鞋非常满意，然后就乐呵呵地去刷卡了。彼得说："只有对顾客做了充分的了解，你才可能开出正确的药方，提供合适的鞋子。"

很多父母都会带着孩子前来选择合适的运动鞋，甚至还有一些父母干脆让孩子带上信用卡和一张给彼得的便条让孩子自己来。鞋店的很多顾客说他们已经有十多年没在其他店里买过鞋了。有位顾客说，"我走进店里，告诉彼得我想买双鞋，他每次都能找到一双最适合的鞋给我，而且我也从来不需要过问价格。"旁边就有一家折扣鞋店，在价格上很有优势，但却完全不是彼得的竞争对手。因为彼得的店员从不需要拿同款不同码数的多双鞋来让客户试，他们总是能记住客户的脚码，而且他们还能专业地回答顾客各种关于鞋子的问题。这样，在折扣店大失所望的顾客到了这里就像到了天堂一般。

劲敌鞋店的真正优势在于，彼得是一个优秀的关怀者，对自己的行业十分精通，而且能够设身处地地换位思考，而并不在于卖什么最著名的品牌或者最昂贵的款式。一位饱受脚伤和背伤折磨的前网球运动员，对鞋子的要求十分高，最终也为彼得所折服。20 多年前，彼得就和足病医生、矫正医生和理疗专家进行过切磋，他的知识储备都能让这些专业人士竖起大拇指。现在，他每天都能接待 20 多位由医生或者诊所推荐来的顾客。彼得还雇用了一位退休的足病医生在店里工作，不仅帮顾客选鞋，还向他们传授足部护理保健的知识。

劲敌鞋店的广告开销几乎为零，但业务却不断增长，而且利润不菲。劲敌鞋店从不需要靠打折来招徕顾客，因为其专业造诣和优质服务自能吸引很多人。不仅回头客多，还有很多人会介绍自己的家人和朋友前来。

普普通通的运动鞋都能被彼得卖得如此成功，所以不论你所在的行业有多传统，都还是有创新的空间的。不论你卖的是产品还是服务，都应该以关怀者的心态去想顾客之所想、急顾客之所急。是时候我们都试一试新的鞋子了。

安全保障

我们之前探讨的是关怀者应如何把产品和服务做到极致，但是有的时候我们也应当留给顾客一些自主权，让他们发挥自己的主观能动性，特别是在你所能提供的产品或服务种类十分丰富的情况下。加利福尼亚比萨厨房是我家孩子最喜欢的一家餐馆，它所能提供的比萨口味超出了人们想象的范围，除了常规的蘑菇、香肠等，还有泰式香鸡、挪威鲜虾和北京烤鸭等等。

加利福尼亚比萨厨房鼓励顾客不断尝试新品，同时还提供了可靠的安全保障

一开始，我被加利福尼亚比萨厨房这名字给蒙住了，以为它就是一家地区性的比萨店。而实际上，从新加坡到拉斯韦加斯都有它的分店，每年的毛收入可达

4 亿美元。比萨厨房鼓励顾客不断尝试新品，并且保证如果顾客对新品不满意，就可以免费换成顾客之前喜欢的比萨。这是一种十分巧妙的营销手段。从比萨厨房的角度来看，虽然自己的比萨烤得很不错，原料也新鲜，但是绝对不希望顾客每次来只点常规的香肠比萨，因为世界上任何一家比萨店都能做香肠比萨。但是如果能让顾客喜欢上自己独创的宫保意面或三色沙拉比萨，那情况就不一样了。因为据我所知，整个加利福尼亚州能做这种创意比萨的只有两家店，而且都是比萨厨房的分店。这样，顾客就会越来越忠诚，比萨厨房也会成为他们的首选。

这里需要我们着重关注的一个环节是比萨厨房为顾客提供的“安全保障”——点菜前不仅可以在店里随便转，随便考察，而且一旦点了新品不满意，还可以免费换成传统的口味。这样就保证了消费者可以放心大胆地进行尝试，这种理念其实在许多行业都是适用的。而对于餐饮行业来说，其实食物的成本只占总运营成本的 1/3，所以比萨厨房仅仅多花了 30%的支出就能够打造客户忠诚度，实在是划算得很。

因此我们都应该思考一下如何为顾客创造一个没有风险的环境，从而鼓励他们去尝试我们的新产品、新服务。

打造完美服务的五部曲

1. 追求少而精

社会发展至今，消费者在选择产品或服务时，往往面对的选择太多，根本无从下手。成千上万所大学中，哪一所适合我的孩子呢？琳琅满目的手机套餐中，哪一个符合我的生活方式呢？选择太多和没有选择一样，都让人不知所措。此时，你就应当用自己的专业知识帮助消费者进行筛选，为其呈现少而精的有限选择。比如，星巴克在这方面就做得很好。星巴克播放的音乐都很有艺术品位，而且愿意将自己精挑细选出来的音乐卖给顾客，与大家分享。这样就避免了我们在歌山歌海中找不到想听的东西。

2. 追求最大限度的专业

如果你能够为顾客提供专业、可靠的信息和建议，顾客很容易就会忠诚于你的产品或服务。劲敌鞋店就雇用了经验丰富的退休足病医生为大家提供关于脚和鞋的专门知识。这种做法是值得我们效仿的，因为这样一来，顾客会对我们有更深的了解，我们也能树立起更专业的形象。

3. 小也可以很美

我们都喜欢一些小而温馨的咖啡厅、酒馆和理发店，我们可以和店家温馨地唠唠家常，就像老朋友那样。与大型的店面相比，这种与顾客的亲密接触往往更能够加强顾客的忠诚度。

4. 一箭双雕

我们总是会有一些需要淘汰的产品或库存，可以邀请顾客来免费挑选。这样一来，我们不仅处理了这些东西，还会让顾客觉得很满意，因为他们会认为自己在助人为乐。同时，他们也会对我们的品牌更加忠诚。

5. 关注核心顾客

航空公司和连锁酒店都采取了很多方法来关注核心顾客，其他行业也应该学习这种做法。这些核心顾客能够给公司带来的收益是十分可观的，但是汽车行业做得却远远不够。比如我父亲，是通用汽车的忠实客户，一生共买了15辆通用汽车。但是每次他去店里，员工待他还像个陌生人似的。殊不知，这种善意的忽视对于企业来说是多么致命啊！所以，一定要精心照料好你的核心顾客，他们还会成为你的品牌大使呢。

关怀可以更细致

关怀者能够帮助我们提高产品或服务的质量，这一点我们已经通过之前私人飞机、鞋店和餐馆的案例验证过了。但如果是一家拥有几千家门店、几百万顾客的大型跨国公司，我们又应怎么办呢？由于市场规模大、顾客人数多，因此要对服务进行创新可不是件容易的事。许多大公司都不断地创新服务来保持竞争优势，但是很少有公司具有一套完整的创新流程来保证新想法不断涌现。

金融业巨头美国银行就摸索出了一套不断推陈出新、创新服务的模式。首席执行官肯尼斯 · 路易斯（Kenneth Lewis）不满足于美国最大银行的地位，还要成为全美最好的银行。于是就成立了一个创新研发团队，不断在各个分支行尝试各种新的服务模式。亚特兰大州的支行技术力量雄厚，客户构成有代表性，而且离位于北卡罗来纳州的新总部很近，因此美国银行在这里选择了 20 个支行作为实验室。

哈佛商学院教授斯蒂芬 · 托姆克（Stefan Thomke）对美国银行的创新活动进行了专项研究，他说整个团队共提出了几百个新创意，进行了几十项实验。举个例子，该团队创造了一种新的服务模型：迎宾员在门口等待，将顾客带到柜员处，由柜员向顾客提供各种金融服务。这样，原来那种机械化的、没有人情味儿的氛围就变得温暖、融洽，让顾客觉得自己仿佛置身于一家私人的精品银行，而非一个巨大的跨国公司。银行内还有舒服的沙发，并向顾客提供各种理财产品的宣传页和金融杂志。此外，顾客还能够通过银行提供的网络服务查询自己的账户或者浏览外网。对于排队等候的人来说，大屏幕上的股市行情和美国有线电视新闻网（CNN）娱乐节目也会让等待变得不那么无聊。

每一项新的实验都是经过团队精心设计并耐心实施的，目的只有一个，就是为顾客提供更好的体验和服务。在经济学界，大家喜欢用“其他条件不变”这样的一个术语，但在实际当中，所有的条件都是在不断变化的。因此美国银行的创新研发团队在实验的过程中，会考虑到不同地点的分行在不同时期内所有因素的变化，包括天气、员工流动情况和季节因素等。团队发现了一个很有意思的现象，就是客户对排队等候时间的感知是可以被操控的。他们发现，三分钟是个临界点，超过三分钟，顾客就会觉得自己等待的时间已经很长了，并开始产生厌烦情绪。但是这种效应是可以被弱化的，比如说在大屏幕上放映一些娱乐节目等来分散顾客的注意力。美国银行之前的研究表明，客户满意度每提高一个点，银行就能够从每个储户处多赚 1.4 美元。因此，他们不遗余力地要做好每一个细节。

也许美国银行的创新项目还有许多不完美之处，但是其创新意识、顾客至上意识，以及为此做出的一系列努力都是可圈可点的。《纽约时报》指出，与绝大多数银行不同，美国银行将千篇一律的分支行当作精品店来运作，把自己的柜员和经理当作客户的私人顾问来培养。美国银行不遗余力地取悦顾客，提高其忠诚度和对新产品的兴趣，因此取得了不小的成功。《金融时报》则连续两年将“全美年度最佳银行”的荣誉颁发给美国银行。

美国银行这种实地试验创新的方法门槛其实很低，任何行业都可以借鉴。比如，我们就和著名的梅奥诊所（Mayo Clinic）合作过，选取了诊所内一块专属场地来对门诊病人护理模式进行实验。虽然一个是诊所，一个是银行，行业特点差别很大，但是其内在的逻辑是相通的。我们也希望能够有越来越多的行业和公司采取这种不断试验、不断创新的方法来改善用户体验，更好地为顾客服务。

门铃效应

美国银行的实验涉及了一个商业社会中十分关键的话题——等待时间。对于等待时间的处理会在很大程度上影响客户对一个企业的印象。可以回想一下你最近6个月最糟糕的几次消费经历，很可能是与漫漫无涯的等待有关。既然等待在某种程度上是不可避免的，那我们就应当尽力让等待的过程变得愉快。

好的关怀者绝对不会让自己的顾客在等待时两眼一抹黑。但不幸的是，很多公司就是这样做的。我称之为“门铃效应”，因为这就像在你按门铃之后到有人开门之前，存在一段十分尴尬的等待时间。由于看不到屋内的情况，也听不到什么动静，所以你根本不知道家里有没有人，或者门铃有没有被听到。

> 我称之为“门铃效应”，因为这就像你按了门铃之后到有人开门之前，存在一段尴尬的等待时间。

过了一段时间，你就会开始纠结，再按一次门铃？人家烦了怎么办？门铃是不是坏了？要么大声敲门试试？要么干脆走人吧？这段等待的时间是很不好受的，因为你完全不知道接下来将会发生的情况。

其实在服务行业也是如此。消费者在等待时如果得不到任何信息，心里是很没底的，就像按了门铃后没人应答一样。等电梯时如果能够看见电梯即时运行的状况和层数，我们就会踏实得多；打客服电话时如果能够听到“我们会在三分钟内应答您的呼叫”，我们也会好受得多；去游乐场如果能看到“平均等待时间为45分钟”的提示，也一定会比毫无头绪地傻等要好。

如果你仍然选择邮寄的方式向国税局提交纳税申报单，那每年的4月15日肯定就会“完美”地体验一次门铃效应。我基本上都是在截止日期快到的时候才寄出去，总觉得这样比较有成就感，之后就开始了漫长的等待。之所以很迫切，是因为我一般会有500美元的退税。一周过去了，没消息。两周过去了，毕竟是政府，做事儿比较慢。三周、四周、五周。到了第六周、第七周的时候，你会开始感到不安，是不是寄丢了？这就是门铃效应最好的例子。现在，让人欣慰的是国税局已经开发了电子申报系统，这样就将门铃效应带来的不安一扫而光。

有些公司深谙门铃效应的不利影响，因此会时刻告知顾客他们所处的位置。网飞公司（Netflix）是一家总部位于加州的光盘租赁公司，每个月都会寄出300多万张光盘。成立伊始，网飞公司就明白一定要让整个过程透明，而且要让顾客随时把握光盘的动态和等待时间。通常，我都会租5张网飞的光盘，三两张放在家里看，剩下的在周转途中。每周，我都会寄回已经看完的盘，耐心等待下一批入手。换作其他的公司，我可能要忍受三段时滞：邮局将光盘寄回公司的时间，公司处理订单、周转货物的时间和将新光盘送到我手里的时间。假设每一步骤需要1~4天，那加起来就有3~12天的时间，这就会产生很大的不确定性。网飞公司就很巧妙地避免了这里的门铃效应：我首先将看完的光盘放在自己的邮箱中等工作人员来取；几天之内我就会收到一封电子邮件，一般写着“我们已收到您寄回的《成名在望》（*Almost Famous*）”；紧接着，通常在24小时内，我会收到第二封邮件，写着“您预订的《指环王》（*Lord of the Rings*）已经发货，预计周二之前送到”。这样一来，我就能够获悉整个流程的进展情况，避免了不安的等待。而且，如果光盘在邮寄过程中丢失，网飞公司还会免费补货。

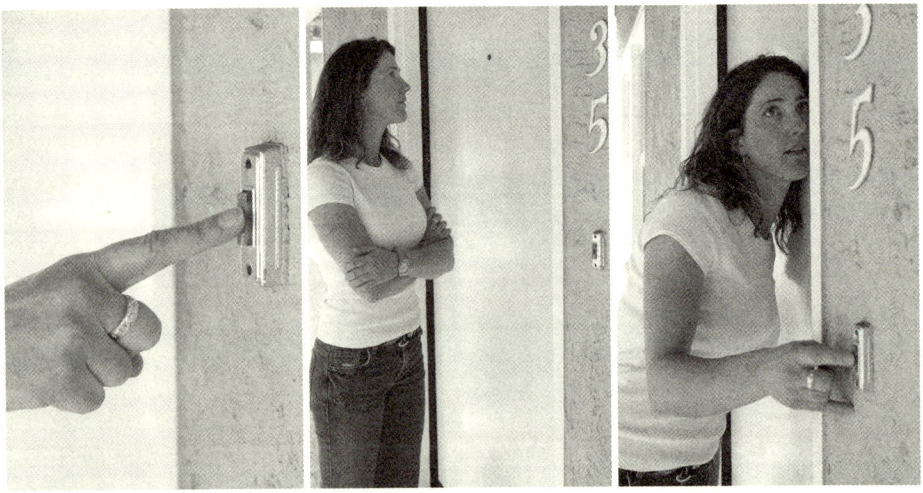

一定要关注这种“门铃效应”

但不幸的是，像网飞这样的公司还只是凤毛麟角。环顾四周，我们依然能看到顾客在长队中绝望地等待着。比如说，我双击了电脑桌面上的某个图标，等了5~10秒钟居然什么动静也没有，没有沙漏，没有进度条，也没有任何语言提示，只有电脑屏幕呆呆地望着傻傻的我。于是我又双击了一次，但通常的结果是，情况变得更糟糕！

不论你是卖产品还是卖服务，都要时刻记得这种门铃效应。关怀者绝对不会把顾客扔在门外的寒风中不理不问，至少会给他们一些提示和信息，让他们知道目前的进度，这样一来，才能够提高顾客对你的忠诚度。

要靠人，而非机器

本章探讨关怀者的一个最重要的前提条件是，关怀顾客时一定要有人情味儿，而非机械行事。但社会发展至今，自动化已经无孔不入地渗透到了生活的各个领域，如何才能保持人情味儿呢？特别是在基于互联网和计算机的行业，关怀者又应当如何去提供人性化的关怀呢？

我们可以从一个低技术含量的行业得到些许启发——出差住酒店时点咖啡的经历。酒店的门把手上通常会挂有一个菜单，我们只要根据自己的喜好用笔勾画一下：低卡路里、奶油或是脱脂牛奶口味的咖啡，第二天早上就可以喝到相应的咖啡了，但这却不能算作一次经历。我们可以和星巴克作一下比较。我们不仅能将各种口味咖啡的样品尽收眼底，还能闻到意式特浓咖啡飘出的香味，听到咖啡豆研磨的声音。店员不仅能为我们呈上一杯让人满意的咖啡，还提供小甜点、小蛋糕。与在酒店的菜单上打钩儿不同，在星巴克喝咖啡，我们会觉得自己也积极参与了整个过程，因此这份体验就变得更有意义了。

不论自动化的水平有多高，保持服务过程的人性化是十分必要的。一定要保证使用新产品或购买新服务的顾客能够切实地参与到互动当中，这样他们才会产生真正的认同感。

虽然自动化已高度发达，但这并不意味着它是百分之百优越、可行的。马特·亨特（Mat Hunter）是IDEO伦敦分公司一位十分优秀的互动设计师，他说："要参与，要协调，不要依赖自动化。找出你最不想让机器完成的事项，这一点很重要。"换句话说，要把最重要的环节交给人来做。我们经常会觉得软件已经控制了整个世界，并且能够解决一切问题。有时最好的服务通常是利用了先进技术，但仍是由有血有肉的人来提供的。

因此，世界上那些顶级的酒店虽然已经实现了高度自动化和智能化，却依旧安排人员在前台进行接待。我们应该善于利用成熟的技术，让其为人性化的服务贡献力量。

微笑的成本

最后我想谈的是关怀者最基本的一项特质。无论环境如何改变，世事如何变迁，微笑永远都是一个最简单却也最有力的工具。由于工作和个人的关系，我经常去日本，到东京的次数已经不下25次。要是出差，我一般会选择美联航，但如果是带家人过去玩儿，我会义无反顾地选择日本航空公司。记得第一次登上日航的飞机，我立刻就注意到一个与众不同的细节：几乎所有的乘务员都在冲我们微笑。我心里想，多温馨啊。不知美联航是否知道自己竞争对手的这一做法呢？大家都觉得创新的成本会很高，但是一个小小的微笑又需要什么成本呢？而且在我看来，日航乘务员的微笑既真诚又友好，绝对是其竞争的一大优势。

丽思·卡尔顿酒店（Ritz-Carlton）也深谙微笑对于服务行业的重要意义。虽然丽思·卡尔顿并不是我出差时的首选，但每次我都会为他们提供的高品质

微笑有很大的魔力。微笑吧，顾客自会发现其中的不同

服务所折服。一次偶然的机会我在费城店看到了其幕后运转的模式。当时我们到费城参加高管年会，会议早上9点正式开始，但是却安排我在早上7点30分先给部分高管作一次发言，这对于像我这样刚从西海岸飞过来的人来说确实有些挑战，还好酒店提前为我们准备了早餐。

我在早餐前一个小时就到达了会场，因此正好听到了酒店主管在晨会上的发言。大约有几十位员工聚在华美的吊灯下，准备开始一天的工作。主管首先简要浏览了整个菜谱，之后逐一详细点评。结束前，他说："我们今天接待的是一个十分重要的团组，我们一定要尽力让他们满意，我们要关注他们的需求，最重要的是要时刻微笑。微笑不仅能给顾客带来好感，还能让我们自己心情舒畅。微笑也是我们的一大标志。"

虽然我并不是他的目标听众，但是看着主管投入地激励自己的员工，我也仿佛受到了感染。虽然微笑是自发的、免费的，但也是需要经过精心酝酿和培育的。丽思 · 卡尔顿在招聘、培训过程中不断强化这种微笑文化，使其成为自己的标志和优势。

虽然只是小事，但严肃认真的关怀者却绝对不会放过。我敢打赌，绝大多数公司微笑得还远远不够。

10 讲故事的人

THE TEN FACES OF INNOVATION

Strategies for Heightening Creativity

构成世界的元素不是原子，而是故事。

——穆里尔·鲁凯泽[①]

几千年以来，动人的故事所拥有的魔力从未消退。会讲故事的人总是能很快引起周围人的关注，成为大家的焦点。早在荷马将《伊利亚特》和《奥德赛》写出来之前，就已经有无数的吟游诗人讲述其中的故事了。16 世纪的莎士比亚巧妙地将历史融入文学，直至今日也算得上世界历史上最会讲故事的人之一。在 21 世纪的今天，像乔治·卢卡斯这样优秀的导演都明白，好的故事和史诗根本不需要放在特定的时间背景内，只要能够把故事完美地呈现，就等着坐数不断飙升的票房吧。

当代十分精通品牌运营的一些公司也深谙讲故事之道。他们能够用引人入胜

① 穆里尔·鲁凯泽（Muriel Rukeyser），美国著名女诗人。——译者注

的故事吸引我们的注意力，甚至在其顾客和伙伴没有意识到的情况下，通过故事传达自己想要表达的东西。每一个项目背后都有故事，每一个新产品或新服务背后也都有故事——哪怕是老掉牙的、在车库白手起家创立IT帝国的故事。

故事能够产生情感上的冲击，具有各种数据、报告和分析不能比拟的优势。讲故事的人能够把团队整合在一起，通过基于现实又高于现实的故事来总结经验和教训。过去的故事都是口述的，而现在则可以使用各种各样的媒体和手段：视频、动画、连环画。这些方式都能够将故事更好地呈现出来。还有很重要的一点是，故事可以将凡人塑造成英雄。

戴维·海古德（David Haygood）是IDEO商业拓展部门的负责人，他就是个很会讲故事的人。开始的时候，我觉得是因为他的人生经历要比我们都丰富——戴维曾去监狱做过志愿者，与重罪犯人同吃同住，还曾和特种部队一起远行。戴维曾给我们讲过他在越南服役时用炸药加热罐装食物做出美味热比萨的故事，还讲过退伍从商后的大起大落。但是有一天早上，我听到他开会时讲故事，突然意识到戴维的成功之处不仅在于他经历的事情有多么不平凡，更在于他讲故事的方式方法，而后者更是一种难能可贵的能力。

故事永流传

创造并讲述神话是人类的本能。不仅各种公司企业、组织机构有自己的故事，每个国家也都有自己经久流传的、代表国家文化的传说。去年我带家人去波士顿旅行时，就听到不止一个人给我们讲当地英雄保罗·列维尔（Paul Revere）的故事，这个故事不仅仅是每个美国孩子历史课本中的必修课，而且还是激励人们爱国奋进的歌谣。

世界上任何一个国家、任何一种文化都有类似的故事。日本就有著名的忠犬八公的故事。八公是一条忠实的狗，每天陪主人到东京的涩谷车站，之后在那里耐心地等待主人下班归来。但是有一天，主人在工作中突然去世，再也没有回来。可八公还是继续在那里等，每天都去，又风雨无阻地等了10年，直到去世。去日本的时候，我在涩谷站附近的一家酒店住过好多次，从25楼的窗户就可以看到八公的铜像矗立在车站的一个进站口旁，依然在那里默默地等待着它的主人。八公的故事在日本拥有独特的地位，我敢打赌，差不多所有的日本人都知道它，也都理解其代表的忠诚、责任和荣誉。跟任何一个东京人说"在八公前见"，他肯定知道你说的是哪儿。虽然八公的故事发生在70多年前，但是它流传至今，经久不衰。

忠犬八公的故事代表了日本文化中忠诚的特点

在大型、分散又包含多元文化的组织内，故事是传播共同价值观、强化共同目标的有力手段。惠普在车库白手起家的故事不仅激励着遍布全球各地的惠普员工，还鼓舞着形形色色的创业者。而对于那些连车库都没有的人来说，迈克尔·戴尔在宿舍起步、创建戴尔帝国的故事就更能振奋人心了。美国西南航空公司的建立，缘起于鸡尾酒会上的一次邂逅和画在餐巾纸上的宏图，此后，这个传奇又激励了成千上万个公司拔地而起。

在正确的时间讲正确的故事

故事大师斯蒂芬·丹宁告诉我们，讲故事也是有方法和技巧的。其《领导者讲故事指南》（*The Leader's Guide to Storytelling*）一书就阐明了如何在恰当的场合讲合适的故事。丹宁指出，在商业场合所讲的故事一般都是有特定目的的，比如激发行动、传递价值、促进合作等。在开始讲故事之前，一定要先明确你想达到的目的是什么。比如，孩子小的时候，每天睡前给他们讲故事的目的就是让其安静下来、早点入睡。但如果你在公司里也按照这种风格去讲故事，效果可就不怎么样了。

> 丹宁建议我们一定要先对“正确”和“真实”进行区分，他认为企业应努力做到“真实”，但事实却是绝大多数公司都在“正确”的周围打擦边球。

不论你要讲什么类型的故事，丹宁建议我们一定要先对“正确”和“真实”进行区分。他认为企业应努力做到“真实”，但事实却是绝大多数公司都在“正确”的周围打擦边球。举个最简单的例子来说明两者的区别。“‘泰坦尼克’号开始了处女航，船上载着700位‘高兴的’乘客。”这句话没什么不对的地方，是“正确的”，但却经不住细致的推敲，所以我们很难说它是“真实”的。“正确”的故事可能会有编造的成分，但“真实”的故事却有更高的品质和更深刻的内涵。我们的员工、消费者和世界上其他听故事的人都能够鉴别其中的不同。

最近，我发现了一个很好的趋势。一些历史较悠久的公司的故事往往都和自己的创始人相关，都在讲述其白手起家的光辉事迹。但是一天下午，当我在IDEO旧金山分公司附近的星巴克喝咖啡时，却有了意外的发现。在前台十分显眼的位置，我发现了一张制作精美的单页，内容是一位星巴克店员晋升到店长的故事。故事是这位店长自己写的，有工作中的艰辛和快乐，有参与公益事业的心得，还有不断挑战自我的经历。她还特别骄傲地提及星巴克支付给她的薪水足够她在旧金山湾区安家。这样的一个小故事真实又富有感染力。这不仅是一个完美的招聘广告，还向消费者传达了这样的信息——我们都是善良的好人，我们提供的咖啡会让你放心。

不论公司大小，每时每刻都会有各种各样的故事发生并流传。有一些则成了公司文化的一部分，代代相传。在流传的过程中，也许某些细节变得模糊，但其最根本的东西却一定是真实、真诚的。

回想一下你自己的故事，一定要记得力求真实。

讲个故事

铺垫了这么多，你不禁要问，要想讲好故事，要从何做起呢？要找到这个问题的答案，可以去问问那些善于讲故事的人是从何处获得灵感的。

读过《创新的艺术》的朋友可能记得简·富尔顿·苏瑞，她是IDEO一位十分优秀的人类学家，她相信倾听的力量，并耐心地把听过的故事写下来，寻求其更深层次的内涵和意义。这是讲好故事的必经之路。

在听别人讲故事时，我们经常想偷懒，走捷径，直奔中心思想，尽量精简过程。

可是简从来都不会这样做，她也从来不会问非是即非的问题。她会怀着极其浓厚的兴趣去倾听每一个人的讲述。简不会问“你喜欢手机的哪些功能，不喜欢哪些部分”，而是会说“给我讲一个手机让你特别崩溃的故事吧”，在接下来听故事的过程中，她就能够发掘大量的“喜欢”和“不喜欢”。在简看来，倾听他人的故事是一种对他人的尊重。在倾听时一定要真诚耐心，这样讲述者就会觉得受到了尊重和重视。每个人都喜欢被人倾听，如果你能做到这一点，在倾听的过程中自会发现大量有益的信息。

简认为，讲故事是人类传递信息的一个最重要的方式。这也是民间传说和宗教故事能代代相传的原因。当你开始尊重讲故事这项事业时，你的工作也就上升到了新的高度和境界，因为你已经和普罗大众建立了共同的语言。

如果你问简讲故事的重要意义，她很可能会用一个故事来回答你。几年前，IDEO和一家医院合作了一个项目。合作伊始，我们与20多位护士、医生和行政人员坐在一起开了个会。大家在第一次会议中自然会有些怀疑和不信任。但是当天，我们通过讲故事建立了信任和感情。简请大家每人讲一个工作中的经历，可以是高兴的，也可以是悲伤的，但一定得是真实的。

> 生命垂危的病人对护士说："别费事儿了，陪我一会儿吧。你可以教教我怎么走完最后这段时间，我可以教教你如何度过以后的人生。"

没过多久，大家就开始尽情地笑、放声地哭。一位护士讲述了自己和一位垂危病人一起度过的时光。病人将不久于人世，护士给他的妻子打了很多电话，但总是联系不上。护士很着急，因为病人随时都可能撒手西去。但生命垂危的病人对护士说："别费事儿了，陪我一会儿吧。你可以教教我怎么走完最后这段时间，我可以教教你如何度过以后的人生。"之后，护士陪着病人走完了生命最后的时光，她知道自己当天扮演的不仅仅是个护士，而是真正的白衣天使。

护士讲完了，屋里所有人眼睛都红了。虽然大家互相还不熟识，但通过分享自己的故事却建立了某种默契。这些故事还让大家认识到医疗服务的质量对于人、对于生命的重要意义。故事确实有很大的魔力，能够用最人性化的方式把团队成员凝聚到一起。

IDEO和位于明尼阿波利斯的美敦力[①]有多年的合作关系，该公司生产的心脏起搏器一直在市场中占有举足轻重的地位。美敦力员工的薪水很高，而且许多人还持有公司股票。从常理来看，这足够激发大家的工作积极性了。但是美敦力觉得这还不够，他们要做得更好。于是就想到了讲故事这个方法。该公司的一位高管告诉我，每当公司需要动力或启发的时候，他们就会请一些病人或者病人的家属，让他们讲述自己和美敦力产品的故事。效果好得出奇。听了一些感人的故事后，连那些硬汉都不禁流下了眼泪，之后大家就会满怀着使命感、责任感去工作。

虽然我们所做的并不是挽救生命，但是我们也都坚信自己从事的工作是有价值的。走出去，找一些真实的人，听听他们真实的事儿。记住，不要只听重点和中心，要耐心地、仔细地去倾听故事的过程，你绝对不会失望。

让故事与众不同

在大型组织机构中推进改革，是件很有挑战性的事。不仅需要有新的创意和概念，有时还需要有新颖的讲故事方式。

几年前，IDEO从一家著名汽车制造商手里接到了一项艰巨的任务。当时我们注意到，整个汽车行业根本不把女性消费者当回事儿。虽然女人在购车时拥有很大的话语权，但是不论是在制造设计，还是在销售的过程中，女人都是被忽略的。当然，这种忽略就是一个机遇，这家制造商请IDEO以20多岁的年轻女性为目标客户进行调研。

我们二话没说，怀着惯有的激情投入到项目之中。我们请女性员工和朋友带着虚拟的预算去买车。经销商见了这些女性顾客，有的稍微应付一下，有的干

① 美敦力（Medtronic），全球领先的先进医疗科技公司，成立于1949年。——译者注

脆置之不理，甚至还出言不敬。有一位性别歧视很严重的经销商说：“回家把你父亲叫来再买车。”我们从中做了几点总结：虽然大多数女性喜欢购物，包括购车，但是卖家的这种态度让她们很受伤。还有一点就是，20多岁的女孩儿特别钟爱敞篷车——在参与项目的12位女孩儿中，11位女孩儿的汽车是敞篷车或者有天窗。

透过现象看本质，我们发现了一些更微妙的东西。从女性在家居装饰店的购物情况可以得知，她们除了喜欢敞篷车之外，其实更钟情于那些轻盈、奇特的东西，而这两种特质正是当代汽车所缺少的。

我们的项目大本营贴满了各种图片，挂着各种提案，还有年轻人的杂志和衣服，这些都能帮助队员更好地感受年轻女孩儿的所思所想。在向客户反馈我们的发现的时候，我们觉得传统的纸质报告肯定不足以传达信息，于是就做了大胆的创新。

“要不做成这种杂志的样子吧！”一位队员边翻杂志边说。我们在做项目的过程中收集了许多女性杂志，这些杂志风格前卫、设计精美、图片丰富，很吸引人。

之前我们从未这样做过，但是大家都很激动，愿意一试。我们从各类杂志中吸取其所长，确定我们的作品一定要主题鲜明，就是关于女性和汽车。杂志里有我们拍摄的各种照片，展示了这些女性的特征、她们购车的体验和对汽车行业的看法。另外还有一篇深度报道，指出这些女孩儿其实都在经历着人生中的重大转折——从单身到结婚，从青少年到成年，从酒吧客到母亲。还有一篇文章探讨了这些女性在做重大选择时都会向哪些人寻求建议和帮助。当然了，还有一个重头戏就是用图片串成故事，讲述她们购车的经历和体验。

最终我们交给客户的是一份精美的32页杂志。这家汽车制造商大吃一惊，因为他们从未见过这么有趣又温馨，同时还能发人深省的项目报告。更重要的是，我们的杂志捕捉到了女性消费者对汽车最重要的一些期待。比如说，对于一个刚刚大学毕业，还在和室友合住的女孩儿来说，汽车是她唯一一块专属的私密空间，因此我们创造了“静谧园”这样的概念。随着项目不断朝着纵深的方向发展，我们觉得除了杂志之外，还要有另外的叙事和陈述方式。于是又做了一本类似于用户指南的东西，来向设计师说明女性对汽车特性的期待。

此外，我们还制作了一段4分钟的动画短片，讲述一位女性消费者购车的全过程——上网浏览资料、去4S店看样车、邀朋友一起试驾……一本杂志、一个用户指南、一段视频，通过这三个与众不同的载体，我们很好地将项目成果讲述并展示了出来。

千万不要忽视讲故事的重要性，也不要忽视叙事载体的重要性。正如著名媒介理论家马歇尔·麦克卢汉（Marshall Mcluham）所言，“媒介即信息”。合适的媒介能够帮助你更好地表达信息，从而获得良好的传播效果。

不要小看电视购物

有的时候，高潮迭起的故事才最吸引人。所以，我下面的想法可能会让人吃惊：如果你正在为不知如何用讲故事的方式宣传自己的公司所困扰，那就去电视购物广告中寻求一些灵感吧。

我说这番话的时候绝对是清醒的。我知道电视购物一直声名狼藉。但是善于讲故事的人一定要思维开阔，愿意从各种可能的途径获得新知。不管你是否喜欢，电视购物是一种很成功的叙事方式，而且在可预见的未来是不会退出历史舞台的。

好的电视购物广告之所以能够奏效，是因为它能够充分阐明产品的细节，而且十分具有说服力。而公司若想推行新的项目、产品或服务，也应尽力做到这一点。有人总结说电视购物需要构造出三个小高潮才算成功。首先，你要阐明人们持有的怀疑和争议，之后一一破解。也许你在偷笑，但是绝大多数公司的宣传片都不能做到电视购物一般全面并让人信服。同样是三分钟，有的公司宣传片可能还在展示自己的库房有多大，但电视购物已经通过制造并解决冲突而高潮迭起了。

电视购物之所以能够成功的另一个原因是反馈的速度特别快。只要你拨打屏幕上的热线电话，就肯定有客服人员在等待，这种即时反馈很快形成回路，从而大大提高了广告的转化率。当乔治·福尔曼烤肉刚刚面世时，销量惨淡。即使是在请了退役拳王乔治·福尔曼（George Foreman）代言并拍摄电视购物视频之后，也依旧不温不火。直到有一天，拍摄间隙的福尔曼感到很饥饿，随手抓起一个汉堡包狠狠地咬了一口。摄影师把无意中捕捉到的这个真实的镜头插入了广告中播出，效果非常好，打进电话购买的人数也急剧飙升。从此以后，这个镜头会在福尔曼烤肉的每个广告中出现。

当然，我并不是建议大家都去直接模仿电视购物，但可以取其精华。许多公司的广告拍得千篇一律，平淡无奇，这样就更应该从电视购物中吸取一些营养了。记住，取其精华、去其糟粕。

幸运饼带来的启发

好的故事会以各种形式出现。故事的强大力量从每年卖出的几百万份幸运饼[①]中可见一斑。其实幸运饼的味道很一般，口感也不咋样，之所以能够大受欢

---

① 幸运饼（Fortune Cookie），又称签语饼、占卜饼等，是一种美式的亚洲风味脆饼，通常由面粉、香草、糖及奶油做成，里面包有箴言或者预言类的字条，有时也印有翻译过的中国成语、俗语等，在美国及加拿大的中餐馆里十分流行。——译者注

迎，就在于里面的小纸条。成功的背后，饼干本身只占了10%，而小纸条却占了剩下的90%。服务员端上一盘幸运饼，我们都会迫不及待地给自己挑一块，小心翼翼地打开，之后和大家分享自己的纸条上写了什么。就像一个简单却有趣的仪式，我们都很为之着迷。

而实际上，这种幸运饼式的客户体验也正在向其他领域蔓延。IDEO旧金山分公司对面有一家帕洛米诺餐厅，会在给客人送账单的时候送上一份幸运签。幸运签有三层包装，要打开还很不容易，但客人往往乐在其中，因为他们期待里面的内容，并且喜欢这种能够和朋友分享的共同经历。

其实有好多饮料也是如此。不知你是否注意到，一些高端果汁和茶饮都充分利用了瓶盖这样一个小小的媒介。诚实茶[①]就采用了幸运饼这种古老的手法，只不过不会印《论语》这么传统的东西，而是选择一些更为现代的内容，比如美国影星莉莉·汤姆林（Lily Tomlin）的话，“即使你得了老鼠赛跑第一名，也改变不了你是老鼠的事实”。这些简短的话很难算得上故事，但却能够为朋友聚会或同事聚餐提供完美的话题和谈资。

基于上述认知，IDEO曾向品客（Pringles）提议在薯片上用可食用的墨水印一些谜语。而宝洁公司更有创意，以各种产品为媒介搞起了知识竞赛。这也许只是创新的一个小小的环节，但是却帮助品客在开始施行的第一年就将市场份额提高了14%。

你会否也从中受到了启发呢？也许你的产品也能成为某种载体，让消费者对其中的故事、谜语或者问题欲罢不能。不论是汽车、电梯，还是手机，都有巨大的操作空间。一些小小的故事就能够让你的产品或服务更上一层楼。

---

① 诚实茶（Honest Tea），可口可乐公司旗下的瓶装茶饮品牌。——译者注

讲故事的 7 个理由

企业为什么要重视会讲故事的人呢？关于这个问题，我们做过很多思考。下面是我们得出的 7 个原因：

1. 讲故事能赢得人的信任

在同客户的首次碰面过程中，我们通常都会讲一些自己所做的第一手调查研究。虽然客户在该领域的经验比我们丰富得多，但是我们脚踏实地的观察和第一人称的叙述方式很容易赢得对方的信任。激情和全新的视角还能够获得对方的尊重。客户也许是某一领域的专家，但是对于会讲故事的人来说，整个世界都在他的唇齿间熠熠生辉。

2. 讲故事能促进团队协作

引人入胜的故事能够激发人的情感。就像之前所说的，我们在做项目之前，通常会请客户先分享一下自己的一些亲身经历。大家在此过程中会十分投入，哭过笑过之后，整个团队也就建立了默契。即使是那些注重理性思维的高管，也难以抵御感人肺腑的故事。

3. 故事是涉足“禁区”的许可证

有时，我们会请团队成员带上自己最喜欢的一件物品并讲述一个与之相关的故事。前不久，一位客户就带来了登山专用的破冰锤来说明产品质量的重要性。通常情况下，这位客户并不是一个容易感情外露的人，但是在讲故事的过程中，他却能够化抽象为具体，而且感情饱满，让人为之动容。有时好的故事就像特洛伊木马，能跨过人们怀疑的防线，让大家坦诚相待，从而探讨出真知灼见。

4. 故事能改变团队的观念

我们从不反对研究人口学、行业概况和市场趋势，但只有这些还不足以支撑起一个新的项目，有时欠缺的就是一个能够改变团队观念的好故事。从古至今，大多数优秀的领导者都明白故事的力量——古时候，他们会在围坐在篝火边的下属面前娓娓道来，而现在，领导则会借助各种高端先进的设备对员工侃侃而谈，但本质都是相同的，故事的魔力是永恒的。

5. 讲故事造就英雄

我们的创新依赖于实地观察，而观察的一大基石就是很多人的真实故事，可能是顾客的故事，也可能是潜在顾客的故事。这些人用他们鲜活的故事给项目注入动力和灵感。你经常会听到团队成员说，“这样做能解决丽莎的问题吗？”有时，我们会把这些人带来的灵感融合到一起，从而创造出一个更加完美的产品，在此过程中，那些善于讲故事的人也就成了开发新产品的功臣和英雄。

6. 故事能带来语汇的变化

在给各个公司做讲座的时候，我通常抱有一个很重要的目标——介绍新观念，激发人们探讨，从而促进创新的发生。过去25年内，许多优秀的商业经管类图书都介绍了新的术语和表达方式，比如“转折点”“破坏性的技术”“跨越鸿沟”等。通过多年来在IDEO的工作我们也发现，那些好的故事总是满载着新鲜精练的新词。有些很好理解，有些则需要思考才能把握其中真谛，但它们无一例外地促进了新想法、新概念的扩散和传播。语言是思想的结晶，故事是语言的载体，所以故事真的很重要。

7. 好的故事能够带来秩序

> 好故事能够帮我们在一团乱麻之中理出头绪。

总是有无尽的事儿等着我们去做，无数的邮件等着我们回复，无数的会等着我们去参加。我们总是疲于应付，因此注意力经常是从这里跳到那里，很难集中，以至于忽视了许多东西。好故事能够帮我们在一团乱麻之中理出头绪。可以想一想过去几年发生过的事，你可能根本想不起读过的邮件或接过的电话，但是肯定还记得一些精彩的故事，可能是父母讲给你听的，也可能是朋友或同事与你分享的，更有可能是某个初次谋面之人说给你听的。与人建立感情的方式有许多种，讲故事就是很不错的一个。

踏上一段故事之旅

最后，要提示大家的一点是讲故事的机会随时都在你身边，要充分利用周围实实在在的环境与空间，这要比幻灯片有用得多。

我们经常带客户或客人参观IDEO的办公室。虽然没有环球影城那么精彩，但却能提供不少信息，偶尔还能让人开怀一笑。在过去的18年里，我就曾带着1 000多位客户参观过我们的办公室，得到的反馈是，这样做很不错。我们的员工会带着客户在楼里随便参观，遇到某些房间或者物品，就会给顾客讲述与之相关的故事。每个故事都是一颗珍珠，而整个参观过程就像一条线把它们穿起来，最后得到的是一条美丽的珍珠项链。为此，我们还对办公区域进行了特殊的设计和布景，让产品和服务通过故事更好地展现出来，从而给前来参观的人留下更为深刻的印象。

为什么我们的参观之旅能够如此丰富多彩、活力四射呢？过去，我认为原因在于我们能够不断地对公司进行改变，摆满各种鲜活的样品。但是直到最近我才发现，其实真正的原因在于我们的参观之旅并没有固定的线路、固定的模式或固定的台词脚本。在我带领客户做的1 000余次参观中，没有任何两次是雷同的。而我的同事们带客户进行的参观，也都没有重复或者类似的。我们觉得，不论你公司生产的是泰迪熊还是电脑芯片，都不应该让某一个或几个专门的人来负责这项工作，而是要让不同性格、不同风格的人都参与进来，这样你们的故事才会精彩、才会多变。

一次充实的参观不仅能够展现公司的成就，还能够丰富公司讲故事的文化，同时提振员工士气。如果你们的工作环境足够独特，会让外来的参观者产生极大的向往和好感，这是幻灯片展示所不能达到的效果。第一手的经历总是力量强大的。

参观过程中的经停点是讲故事的好地方，可以在这些地方埋好线索和伏笔，人们到这里时，精彩的故事就水到渠成了，而且你会发现自己身边原来有那么多会讲故事的人

过去一些年里，我注意到各个公司在这方面做得越来越好。几年前，我参观了索尼位于品川区的“媒体世界”，看到了各种前沿的电子产品，氛围也相当好，整个参观过程棒极了。但是，两年之后我再去的时候，发现里面根本没有任何变

化，这有些令人失望。其实，投入巨大成本进行布景设计的一个弊端就是灵活性的缺失，从而不能随着情况的变化而进行及时更新。而IDEO虽然没有做得那么富丽堂皇，但小额投入却能够让我们不断改变、不断更新。

一旦搭好了台，就需要激情洋溢的人来唱戏了。其实并不需要花钱去请专门的导游，要让自己的一线员工成为优秀的会讲故事的人，给他们充分的自由去安排参观的行程，组织自己的台词，这样才能保证每一次参观都会与众不同，都有自己独特的闪光点。

不论是带客户参观办公室，还是制作新产品、新服务的视频，总之，在讲故事的时候一定要注意以下几点：要保证故事的真实性，要让故事吸引人，要善于打感情牌从而引起听众共鸣。这样，你的故事才有可能口口相传。故事也会成为你个人魅力或公司品牌的独特元素。

11 永无止境

THE TEN FACES
OF INNOVATION
Strategies for Heightening Creativity

我坚定地相信本书所述10种角色的巨大能量，其中的任何一种都能够给公司带来文化和效益上的巨大收获。但如果能够把多种角色融合在同一个团队当中，那么其效果会更加惊人。创新其实是一种团队行动，当承担不同职责的队员都能够充分发挥自己的水平时，胜利就唾手可得了。

成功的团队并不需要在每一种角色上都达到炉火纯青的水平，就像奥运会的十项全能比赛，只需在若干项目上有过人之能就可以了。如果你的团队有敏锐的人类学家，那么即使没有世界顶级的布景师也不要紧。同样，如果你的实验师很给力，也就完全能够弥补嫁接员的不足。通往创新的道路不止一条，我们关注的是最终创新带来的竞争优势。因此，请记住，条条大路通罗马。

赢在创新

勤奋的汗水和脚踏实地的努力是创新的基石。即使是天赋最佳的运动员，也一定要经过刻苦的训练才可能发挥出自己的潜能。培养创新团队与训练运动员有许多相似之处，一些基本的原则是共通的。

1. 追求灵活

从长远的角度来看，灵活性要比公司的规模甚至实力都重要。像伯利恒钢铁公司①、泛美航空②和蒙哥马利–沃德③这样的大型公司都曾盛极一时，但是却最终在竞争中输给了更为灵活的公司和更为灵活的商业模式。而嫁接员和实验师这样的角色就能够帮助公司时刻保持敏锐的嗅觉和矫健的身手。灵活就是力量。

2. 长远打算

创新不仅仅是一两个项目那么简单，而应该成为一种思维习惯和生活方式，正如最好的健身方案不是节食而应该是健康的生活方式。创新不仅仅是市场部、人力资源部或研发部等某一个或某几个部门的事，而是整个公司共同的使命，创新的各种角色也应当存在并活跃于公司的每一个角落。只有让创新的精神深深植根于整个企业，创新之花才会盛开。

3. 永不言弃

顶级运动员不论是在日常辛苦的训练中还是在激烈的比赛中，都不会轻言放弃。跨栏高手即使在开始时仅仅看到一两个障碍，也会做好跨越多重障碍的

---

① 伯利恒钢铁公司（Bethleham Steel），曾是美国第二大钢铁公司，于 2001 年申请破产保护，2003 年关闭。——译者注

② 泛美航空（Pam Am），曾是美国最主要的航空公司，于 1991 年倒闭。——译者注

③ 蒙哥马利–沃德（Montgomery Ward），曾为美国著名百货公司，已于 2000 年倒闭。——译者注

> 灵活就是力量。

准备。导演知道让新想法、新创意细水长流要比虎头蛇尾好得多。合作者能够将团队内外的力量全部调动起来，在整个公司形成合力，共同完成任务。10种角色的一个共同点就是永不言弃，不断在实践中学习、积累，不达目的誓不罢休。

4. 精神力量

绝大多数成功的运动员都会告诉你，强大的精神力量十分重要，特别是在人疲惫不堪或遭受挫折的情况下。什么样的行为模式或想法阻碍了你的前进？什么样的负能量是需要消除的？在遭遇一两次失败之后，就更需要强大的精神力量来帮助你思考上述问题，重整旗鼓，东山再起。在创新的过程中，这种力量对于跨栏高手和实验师来说会显得尤为重要，特别是在其他人已经绝望或放弃的情况下，就更需要强大的精神力量支持团队走下去。

5. 重视教练

即使是最优秀的独奏乐手，其背后也一定有一个相信他、鼓励他的教练。优秀的教练能够充分挖掘你的潜力，而糟糕的教练或者是根本没有教练则很有可能阻碍你的发展。如果你的教练总是给你泄气，从不鼓励你，那你就要考虑换人了。一定要找一个你信得过的人，一个能够激发你身上观察、表达和创新能力的人。优秀的教练能够帮你变得更好，你自己也会感觉到明显的变化。

不论是在体育界还是在商界，我们在组建团队的时候都不希望过分地依赖某一个明星队员，而是尽量培养多位优秀成员。当然，队员的才能、背景和观念都各有不同，摩擦在所难免。但是有一点健康和谐的摩擦是有益的。因此，要仔细研究一下团队的构成。哪些是优势所在？哪些是薄弱环节？是否需要新的角色加入？也许人类学家或者嫁接员能带来新的活力，实验师能给创新带来新的思路，跨栏高手能将陷入泥潭的项目拯救出来，布景师能让客户的体验更上一层楼……你不需要找一个兼具各种职能的全能型人才，而是要将具有各种特长的不同人才整合到一个团队里，这样成功的概率就会大大增加。

绝知此事要躬行

我衷心希望这本书能够激发大家的探讨，并付诸行动，我希望能够帮助更多的公司培育创新的文化，并促进其发展。在具体操作的过程中，有一点需要说明：并不需要用这 10 类角色去替换公司内现有的职位和头衔。几年前，我就曾见过有的公司专门设立了创新总监的职位，还有的人名片上印着“用户体验设计师”，但称谓不是最重要的。IDEO 就有很多的用户体验设计师和嫁接员，但是却并不会把这些印到名片上。因为这些人完全能够在履行传统职能的同时发挥创新的作用。像工程师、程序员、项目经理和总裁这样的传统职务还会存续很长时间，但并不影响你发挥实验师或者跨栏高手的作用。恰恰相反，这种结合还能够形成合力，让创新的力量更加强大。

也许你并未注意到，但其实你也许已经开始这样做了。我的孩子刚出生时，“爸爸”突然之间就成了我最重要的角色，也占据了我很多的时间和精力。但是我也并未因此放弃丈夫、弟弟、IDEO 人等各种角色。各种角色是兼容的，有时还是相互补充、相互促进的，我们需要在各种角色间进行转化。

我想阐明的观点是——我们是可以将传统的各种角色和创新的角色融合在一起的，并且也应该这样去做。即使名片上印的是系统分析员，也并不应影响你作为人类学家发光发热；即使身在市场营销部，你也可以发挥嫁接员的作用；即使是会计，你也能成为跨栏高手；即使身在人力资源部，你也能在布景方面大显身手；甚至一个学金融的人，也完全可以成为最会讲故事的那个人。千万莫要让一个头衔或职位限制了你的潜能。

还记得我们提起过IDEO在招聘时更青睐那些综合素质突出的全能型人才吧。也许你已经在某一特定的领域工作了很多年，并积累了丰富的经验，如果你能够在此基础上尝试一下合作者、关怀者或者实验师的角色，那么你的发展之路就会越来越宽，你对于公司来说就会变得更加不可或缺。

虽然10种角色各有神通，但也并不是说需要为所有的项目配备齐全。打个简单的比方，各类人才就像木匠箱子里的工具，并不是每次干活儿的时候每件工具都会用到，但是一定要有，才可能完成好每一次任务。

创新并不是自然发生的，但是如果我们有了恰到好处的团队，创新也就不再遥不可及了。人类学家、实验师和嫁接员能为团队注入新的知识；跨栏高手、合作者和导演能担起运筹帷幄、力挽狂澜的重任；布景师能优化我们的工作环境；用户体验设计师、关怀者、讲故事的人则能够助我们吸引更多的顾客。一定要关注这些角色，并充分发挥其潜能。创新不仅能给公司带来效益，还能够成为一种有趣的生活方式。有了上述10种人在你周围，创新与成功就都指日可待。

祝君好运！

THE TEN FACES
OF INNOVATION
Strategies for Heightening Creativity

致 谢

如果你觉得写作出书是一件孤独寂寞的事儿，好似穷困潦倒的艺术家在不蔽风雨的茅屋里作画，那你就大错特错了。虽然构思、下笔、写作确实很孤独，但是将书最终付梓出版却是很多人共同努力的结果。共有一百多位同人为本书的最终面世付出了辛勤的汗水，囿于篇幅，无法一一致谢，在此仅向个别友人及团队表示感谢：

斯科特·安德伍德的文字造诣颇深，并在措辞、语法、文风等方面给予我很多指导。他教会我的语言知识比之前任何一位老师都要多，因此，斯科特于我来说，既是益友，也是良师。

布里吉特·芬恩曾作为运动员参加奥林匹克运动会，还是一位优秀的记者。她放下手头的工作，拨冗帮我深入调研了几十个创新案例。也正是因为她的影响，本书中才会有许多体育方面的案例。

布兰登·博伊尔和戴维·海古德是对本书贡献素材最多的两位，他们从大量的当面采访和邮件采访中不断提炼总结，为我提供了大量的案例支撑，而且十分积极主动，因此二位在书中出现的频率也较高。

马克·赫尔森慷慨相助，把他位于索萨利托的休息室借给我使用。思绪烦乱时，我会躲进其中享受宁静。马克的这间小屋有一扇门，关上就能与世隔绝。但我却从没关上过它，因为我热爱团队与合作。

汉特·刘易斯·魏默为本书的封面设计和章节引语做出了重要贡献。我向他提出的要求都很泛化，但他总是能交给我令人满意的作品。

本书中的每一张图片几乎都经过林恩·温特的精心拍摄、挑选或者修饰，她的细心和恒心让人钦佩，在我精疲力竭时给了我许多动力。

创作伊始，我的设想是占用晚上和周末休息的时间就可以完成。但事实却远非这么简单，这本书还占用了我大量的工作时间。因此要特别感谢蒂姆·布朗、戴维·斯特朗和彼得·科赫兰的理解和支持，没有他们的分担和帮助，这本书就不可能完成。

在文字的雕琢和措辞方面，我要感谢我的代理商理查德·阿巴特和道布尔戴出版集团的执行主编罗杰·肖勒。同时，我还要感谢克里斯·福尔图纳托和他的团队。他们在本书的包装方面倾注了很多心血，而且加班加点，完工速度之快让人惊叹。

感谢我的哥哥戴维，没有他就没有这本书。他不仅一手创建IDEO并推广了书中的很多理念，而且还在过去的50年里给了我无数的指导和建议。此外，他还把自己在斯坦福的办公室借给我，让我又有了一个可以专心创作的世外桃源。

戴维对我无私帮助，从来不求回报，而且我也知道，此生难以报其恩情之万一。

感谢乔纳森 · 利特曼。他对本书贡献之大到了我们二人难分彼此的地步，甚至为他专门写一篇致谢也不为过。我们二人紧密合作，已经有6个年头了。乔纳森一直兢兢业业，并且为此放弃了许多不错的项目，因此我要十分感谢他。

感谢我的妻子由美子。虽然她并未直接参与本书的撰写，但是她在我写作的18个月中替我承担了许多教育孩子的职责。由美子和我的家庭为我做出了很多牺牲，而且一直义无反顾地支持着我。我会一直铭记在心。

我还要感谢许多人：惠特尼 · 莫蒂默、黛比 · 斯特恩等优秀的顾问；琼尼 · 一木、凯思琳 · 休斯等坚定的支持者；卡蒂 · 克拉克、玛格丽特 · 里格利奥索等给力的助手；伊利亚 · 波可波夫、查尔斯 · 沃伦、希拉里 · 霍蓓尔等同事；保罗 · 班尼特、罗比 · 斯坦塞尔、迭戈 · 罗德里格斯和杰德 · 莫尔利等细心的审核员；汤姆 · 彼得斯、鲍勃 · 萨顿、马尔科姆 · 格拉德威尔、罗恩 · 阿维祖尔、斯蒂芬 · 托姆克、斯蒂芬 · 丹宁、赛斯 · 高汀以及整个团队都给了我很多的灵感和启发。

感谢你们每一位。希望这本书没有让大家失望。